DR. OETKER

PLÄTZCHEN

DR. OETKER

PLÄTZCHEN

CERES

Orangenplätzchen

(Foto)	
	Für den Teig
175 g Butter	mit einem Handrührgerät mit Rührbesen auf höchster Stufe in etwa 1/2 Minute geschmeidig rühren, nach und nach
100 g Zucker	
1 Päckchen Vanillin-Zucker	
1 Ei	
Salz	
1 Fläschchen Backöl Zitrone	unterrühren, so lange rühren, bis eine gebundene Masse entstanden ist
300 g Weizenmehl	sieben, 2/3 davon eßlöffelweise auf mittlerer Stufe unterrühren, den Rest des Mehls mit dem Teigbrei zu einem glatten Teig verkneten, sollte er kleben, ihn eine Zeitlang kalt stellen, den Teig knapp 1/2 cm dick ausrollen, mit einer runden Form (Durchmesser etwa 4 cm) ausstechen, auf ein gefettetes Backblech legen, in den Backofen schieben
Ober-/Unterhitze	170–200 °C (vorgeheizt)
Heißluft	150–170 °C (nicht vorgeheizt)
Gas	Stufe 3–4 (vorgeheizt)
Backzeit	10–15 Minuten.
	Für den Guß
175 g Puderzucker	
4–5 EL Orangenlikör oder Zitronensaft	glattrühren, so daß eine dickflüssige Masse entsteht, die erkalteten Plätzchen damit bestreichen
kandierte Orangenscheiben	in Stücke schneiden, die Plätzchen damit garnieren.

Schokoknöpfchen

	Für den Teig
150 g Butter	geschmeidig rühren, nach und nach
150 g Zucker	
2 Päckchen Vanillin-Zucker	
1/2 Fläschchen Rum-Aroma	
2 Eier	hinzugeben
200 g Mehl	sieben, eßlöffelweise unterrühren den Teig in einen Spritzbeutel mit gezackter Tülle füllen, in Form von Tupfen (nicht zu dicht) nebeneinander auf ein Backblech spritzen, in den Backofen schieben
Ober-/Unterhitze	200–220 °C (vorgeheizt)
Heißluft	180–200 °C (nicht vorgeheizt)
Gas	Stufe 4–5 (vorgeheizt)
Backzeit	etwa 10 Minuten sofort nach dem Backen die Plätzchen vom Backblech lösen.
	Für den Guß
200 g Schokolade	in kleine Stücke brechen, mit
30 g Kokosfett	in einem kleinen Topf im Wasserbad zu einer geschmeidigen Masse verrühren, die erkalteten Plätzchen auf der Unterseite damit bestreichen, mit
Kokosraspeln	bestreuen.

Lukullische Früchte-Nuß-Plätzchen

	Für den Teig
400 g Weizenmehl	mit
1 Messerspitze Backpulver	mischen, in eine Rührschüssel sieben
100 g gesiebten Puderzucker	mit
1 Päckchen Vanillin-Zucker	
Salz	
1 Ei	
200 g weicher Butter	hinzufügen die Zutaten mit einem Handrührgerät mit Knethaken zunächst kurz auf niedrigster, dann auf höchster Stufe gut durcharbeiten, anschließend auf der Arbeitsfläche, zu einem glatten Teig verkneten, den Teig etwa 3 mm dick ausrollen, mit einem ovalen Ausstech-Förmchen Plätzchen ausstechen, die Plätzchen auf ein gefettetes, mit Back-Trennpapier oder Pergamentpapier ausgelegtes Backblech geben, das Backblech in den Backofen schieben
Ober-/Unterhitze	180–200 °C (vorgeheizt)
Heißluft	150–170 °C (nicht vorgeheizt)
Gas	Stufe 3–4 (vorgeheizt)
Backzeit	12–15 Minuten.

	Für den Guß
180–200 g Kuvertüre	in einem kleinen Topf im Wasserbad auflösen die erkalteten Plätzchen damit bestreichen.
	Für den Belag
5 getrocknete Feigen	in Scheiben schneiden
20 Mandeln	
15 entsteinte Backpflaumen	in Stücke schneiden
etwa 25 Haselnußkerne	
etwa 20 Walnußkerne	
1–2 EL Sultaninen	
etwa 15 getrocknete Datteln	halbieren
etwa 2 EL geröstete Pinienkerne	
etwa 15 geröstete Cashewkerne	
1–2 EL Rosinen	die Plätzchen mit den Zutaten beliebig belegen, z.B. einen Teil mit 1 getrockneten Feigenscheibe und 1 Mandel oder ½ Backpflaume und 1 Haselnußkern oder mit Walnußkernen und Sultaninen oder gerösteten Pinienkernen und ½ Dattel oder gerösteten Cashewkernen und Rosinen.

Mandelzungen

	Für den Teig
6 Eiweiß	mit einem Handrührgerät mit Rührbesen auf höchster Stufe fast steif schlagen, nach und nach
250 g Zucker	unterschlagen
60 g Weizenmehl	mit
10 g Kakao	auf das steifgeschlagene Eiweiß sieben
200 g unabgezogene, gemahlene Mandeln	darüber geben, alles vorsichtig unter den Eischnee rühren
60 g zerlassene, abgekühlte Butter	unterrühren, die Mandelmasse in einen Spritzbeutel mit Lochtülle füllen, jeweils 3 dicht nebeneinanderliegende Streifen (3–4 cm lang) auf ein gefettetes, mit Back-Trennpapier oder Pergamentpapier ausgelegtes Backblech spritzen, in den Backofen schieben
Ober-/Unterhitze	180–200 °C (vorgeheizt)
Heißluft	150–170 °C (nicht vorgeheizt)
Gas	Stufe 3–4 (vorgeheizt)
Backzeit	etwa 12 Minuten.
	Für die Füllung
etwa 150 g Nuß-Nougat-Masse	in einem kleinen Topf im Wasserbad geschmeidig rühren, die Hälfte der abgekühlten Plätzchen damit bestreichen, mit den übrigen Plätzchen bedecken
100 g Kuchenglasur dunkel	in einem kleinen Topf im Wasserbad auflösen die Plätzchen mit den Enden hineintauchen, auf Pergamentpapier trocknen lassen, in gut schließenden Dosen aufbewahren.

Nußringe

280 g Weizenvollkornmehl	in eine Rührschüssel geben
100 g gemahlene Haselnußkerne	
1 Messerspitze Bourbon-Vanille	
1 Ei	
150 g flüssigen Honig	
150 g weiche Butter	hinzufügen die Zutaten mit einem Handrührgerät mit Knethaken auf mittlerer Stufe zu einem glatten Teig verkneten, den Teig abgedeckt kalt stellen, den Teig auf der Arbeitsfläche etwa ½ cm dick ausrollen, Ringe ausstechen, auf ein mit Backtrennpapier belegtes Backblech legen
1 Eigelb	mit
1 EL Milch	verrühren, die Ringe damit bestreichen, das Blech in den Backofen schieben
Ober-/Unterhitze	180–200 °C (vorgeheizt)
Heißluft	150–170 °C (nicht vorgeheizt)
Gas	Stufe 3–4 (vorgeheizt)
Backzeit	etwa 10 Minuten.

Mandelmakronen

(Foto)

2 Eiweiß	steif schlagen, nach und nach
100 g Zucker	
1 Messerspitze gemahlenen Zimt	
2 Tropfen Backöl Bittermandel	unterschlagen
100 g abgezogene, gemahlene Mandeln	
75 g abgezogene, gehackte Mandeln	vorsichtig unter den Eischnee heben (nicht rühren), von dem Teig mit 2 Teelöffeln Häufchen auf ein mit
Butter	gefettetes Backblech setzen
Ober-/Unterhitze	130–150 °C (vorgeheizt)
Heißluft	110–130 °C (nicht vorgeheizt)
Gas	Stufe 1–2 (vorgeheizt)
Backzeit	etwa 25 Minuten.

Springerle

2 Eier	mit einem Handrührgerät mit Rührbesen schaumig schlagen
200 g Puderzucker	sieben, nach und nach mit
1 Päckchen Vanille-Zucker	hinzugeben, so lange schlagen, bis eine dicke, cremeartige Masse entstanden ist
225 g Weizenmehl	mit
1 Messerspitze Backpulver	mischen, sieben, so viel davon unter die Masse rühren, daß eine feste Masse entsteht, den Rest des Mehls auf die Arbeitsfläche sieben, die Masse darauf geben, mit Mehl bedecken, mit den Händen zu einem glatten Teig verkneten, sollte er kleben, noch bis zu
50 g Weizenmehl	hineinkneten, den Teig etwa 1 cm dick ausrollen, Rechtecke in der Größe des Backmodels herausschneiden, sie mit
Weizenmehl	bestäuben, in den bemehlten Model drücken, sie dann abheben, in die aufgeprägten Rechtecke zerschneiden, die Springerle auf ein gefettetes, mit
Anissamen	bestreutes Backblech legen, in einem mäßig warmen Raum etwa 24 Stunden trocknen lassen Backbleche in den Backofen schieben
Ober-/Unterhitze	130–150 °C (vorgeheizt)
Heißluft	100–120 °C (nicht vorgeheizt)
Gas	Stufe 1–2 (vorgeheizt)
Backzeit	etwa 30 Minuten da die Oberfläche des Gebäcks weiß bleiben soll, ist es empfehlenswert, nach dem Aufgehen, sobald sich ein kleiner Sockel gebildet hat, ein kaltes Backblech oben in den Backofen zu schieben.
Hinweis	Die Springerle nach dem Backen einige Tage offen (nicht in einer Dose) an der Luft stehen lassen, damit sie weich werden, sie erst dann in eine Dose geben, gut geschlossen aufbewahren.

Kosakentaler

Für den Teig

300 g Weizenmehl mit
1/2 gestrichenen TL Backpulver mischen, auf die Arbeitsfläche sieben, in die Mitte eine Vertiefung eindrücken
100 g Zucker
1 Päckchen Vanillin-Zucker
3 EL Milch hineingeben, mit einem Teil des Mehls zu einer dicken Masse verarbeiten
150 g kalte Butter in Stücke schneiden, auf die Masse geben, mit Mehl bedecken, von der Mitte aus alle Zutaten schnell zu einem glatten Teig verkneten, sollte er kleben, ihn eine Zeitlang kalt stellen, den Teig dünn ausrollen, mit einer runden Form (Durchmesser etwa 4 cm) ausstechen, auf ein gefettetes Backblech legen, in den Backofen schieben
Ober-/Unterhitze 170–200 °C (vorgeheizt)
Heißluft 150–170 °C (nicht vorgeheizt)
Gas Stufe 3–4 (vorgeheizt)
Backzeit 8–10 Minuten.

Für die Füllung

150 g Nuß-Nougat-Masse in einem kleinen Topf im Wasserbad bei schwacher Hitze glattrühren, die Hälfte der erkalteten Plätzchen auf der Unterseite mit der Masse bestreichen, die übrigen mit der Unterseite darauf legen, gut andrücken, etwas herausgedrückte Masse am Rand verstreichen, die Plätzchen durch
50 g gemahlene Haselnußkerne rollen.

Sandhörnchen

Für den Teig

250 g Weizenmehl mit
1 gestrichenen TL Backpulver mischen, auf die Arbeitsfläche sieben, in die Mitte eine Vertiefung eindrücken
75 g Zucker
1 Päckchen Vanillin-Zucker
Salz
1 Fläschchen Rum-Aroma
2 EL Wasser hineingeben
100 g kalte Butter oder Margarine in Stücke schneiden, darauf geben, mit Mehl bedecken, von der Mitte aus alle Zutaten schnell zu einem glatten Teig verkneten, sollte er kleben, ihn eine Zeitlang kalt stellen, aus dem Teig daumendicke Rollen formen, etwa 2 cm lange Stücke davon abschneiden, diese zu gut 6 cm langen Rollen formen, in
groben Zucker drücken, als Hörnchen auf ein Backblech legen, in den Backofen schieben

Ober-/Unterhitze	180–200 °C (vorgeheizt)
Heißluft	150–170 °C (nicht vorgeheizt)
Gas	Stufe 3–4 (vorgeheizt)
Backzeit	etwa 10 Minuten.

Für den Guß

25 g Schokolade in kleine Stücke brechen, mit
Kokosfett in einem kleinen Topf im Wasserbad zu einer geschmeidigen Masse verrühren, die Hörnchen an den Enden mit dem Guß bestreichen.

Biskotten

3 Eigelb mit einem Handrührgerät mit Rührbesen schaumig schlagen, nach und nach etwa die Hälfte von
140 g Zucker und
1 Päckchen Vanillin-Zucker hinzugeben, so lange schlagen, bis eine cremige Masse entstanden ist
3 Eiweiß steif schlagen, nach und nach den Rest des Zuckers unterschlagen, den Schnee auf die Eigelbcreme geben
125 g Weizenmehl darüber sieben, unter die Eigelbcreme ziehen (nicht rühren), den Teig in einen Spritzbeutel mit glatter Tülle füllen, Streifen auf ein mit Pergamentpapier belegtes Backblech spritzen, mit
Puderzucker bestäuben, das Backblech in den Backofen schieben

Ober-/Unterhitze	etwa 200 °C (vorgeheizt)
Heißluft	etwa 180 °C (nicht vorgeheizt)
Gas	etwa Stufe 3 (vorgeheizt)
Backzeit	etwa 10 Minuten.

Mandelmürbchen

125 g Butter mit einem Handrührgerät mit Rührbesen auf höchster Stufe in etwa ½ Minute geschmeidig rühren, nach und nach
125 g gesiebten Puderzucker
2 Päckchen Vanillin-Zucker
Salz hinzugeben
100 g Weizenmehl sieben, eßlöffelweise mit
100 g Haferflocken auf mittlerer Stufe unterrühren
100 g abgezogene, gemahlene Mandeln zuletzt unter den Teig heben, alle Zutaten zu einem glatten Teig verkneten
Weizenmehl auf die Tischplatte sieben, aus dem Teig 2 Rollen formen, jede in 30 Scheiben schneiden, aus jeder Scheibe eine Kugel formen, auf ein gefettetes Backblech legen
100 g abgezogene Mandeln in
Milch tauchen, in die Mitte jeder Teigkugel eine Mandel drücken das Backblech in den Backofen schieben

Ober-/Unterhitze	etwa 170 °C (vorgeheizt)
Heißluft	etwa 150 °C (nicht vorgeheizt)
Gas	etwa Stufe 2 (vorgeheizt)
Backzeit	12–15 Minuten.

Nußecken

(Foto)

Für den Teig

125 g Weizenvollkornmehl
50 g Buchweizenmehl beide Zutaten mit
½ TL Backpulver mischen, in eine Rührschüssel geben
50 g flüssigen Honig
1 kleines Ei
75 g Butter hinzufügen, die Zutaten mit einem Handrührgerät mit Knethaken zunächst kurz auf niedrigster, dann auf höchster Stufe kurz durcharbeiten, anschließend auf der Arbeitsfläche zu einem glatten Teig verkneten, sollte er kleben, ihn eine Zeitlang kalt stellen, den Teig auf einem gefetteten Backblech (32 x 24 cm) ausrollen, mit
2 EL Aprikosen-Konfitüre bestreichen.

Für den Belag

100 g Butter mit
100 g Honig in einem Topf zerlassen, erwärmen,
75 g gemahlene Haselnußkerne
125 g gehobelte Haselnußkerne
2 TL Buchweizenmehl hinzufügen, gut verrühren, die Masse abkühlen lassen, auf den mit Konfitüre bestrichenen Teig streichen, das Backblech in den Backofen schieben
Ober-/Unterhitze etwa 170 °C (vorgeheizt)
Heißluft etwa 150 °C (nicht vorgeheizt)
Gas etwa Stufe 3 (vorgeheizt)
Backzeit 25–30 Minuten
das erkaltete Gebäck in Dreiecke schneiden
50 g Edelbitterschokolade mit
etwas Kokosfett in einem kleinen Topf im heißen Wasserbad geschmeidig rühren, die Ecken der Gebäckstücke damit bestreichen.

Mohnkränzchen

175 g Butter mit einem elektrischen Handrührgerät mit Rührbesen auf höchster Stufe geschmeidig rühren, nach und nach
100 g Zucker
1 Päckchen Vanillin-Zucker unterrühren
1 Ei hinzugeben
175 g Mehl mit
75 g Speisestärke mischen, sieben, eßlöffelweise auf mittlerer Stufe unterrühren, mit
100 g gemahlenem Mohn eßlöffelweise unterrühren
den Teig in einen Spritzbeutel mit gezackter Tülle füllen, Ringe (Durchmesser etwa 4 cm) auf ein Backblech spritzen, in den Backofen schieben
Ober-/Unterhitze 180–200 °C (vorgeheizt)
Heißluft 150–170 °C (nicht vorgeheizt)
Gas Stufe 3–4 (vorgeheizt)
Backzeit etwa 10 Minuten.

Anisbäumchen

5 Eier	mit einem Handrührgerät mit Rührbesen auf höchster Stufe schaumig schalagen, nach und nach
500 g gesiebten Puderzucker	unterrühren
1 EL Kirschwasser	
1 ½ EL gemahlenen Anissamen	
Salz	unterrühren
500 g Weizenmehl	sieben, eßlöffelweise auf mittlerer Stufe unterrühren, den Teig eine Zeitlang kalt stellen, ein gefettetes Backblech mit
Weizenmehl	bestäuben, nach Belieben dünn oder dick mit
Anissamen	bestreuen, den Teig halbieren, nacheinander jede Hälfte in einen Spritzbeutel mit Sterntülle füllen, Bäumchen auf das Backblech spritzen, mindestens 24 Stunden stehenlassen, damit sich später beim Backen „Füßchen" bilden das Backblech in den Backofen schieben
Ober-/Unterhitze	150–170 °C (vorgeheizt)
Heißluft	130–150 °C (nicht vorgeheizt)
Gas	Stufe 1–2 (vorgeheizt)
Backzeit	15–17 Minuten.
Tip	Die Anisbäumchen sollen fast weiß bleiben, sie schmecken am besten, wenn sie vier Wochen kühl und nicht zu trocken aufbewahrt wurden.

Saure-Sahne-Plätzchen

250 g Weizenmehl	in eine Rührschüssel sieben, in die Mitte eine Vertiefung eindrücken
200 g weiche Butter	in Stücke schneiden
5 EL saure Sahne	
Salz	hinzufügen, die Zutaten mit einem Handrührgerät mit Knethaken zunächst kurz auf niedrigster, dann auf höchster Stufe gut durcharbeiten, anschließend auf der Arbeitsfläche zu einem glatten Teig verkneten, ihn etwa 30 Minuten an einem kühlen Ort stehenlassen die Tischplatte dünn mit
Weizenmehl	bestäuben, den Teig messerrückendick ausrollen, mit einem Glas oder einer runden Ausstechform Plätzchen (Durchmesser etwa 3 cm) ausstechen, auf ein gefettetes Backblech legen
2 Eigelb	verschlagen, die Plätzchen damit bestreichen, mit
100 g Hagelzucker	bestreuen, das Backblech in den Backofen schieben
Ober-/Unterhitze	etwa 170 °C (vorgeheizt)
Heißluft	etwa 150 °C (nicht vorgeheizt)
Gas	etwa Stufe 2 (vorgeheizt)
Backzeit	etwa 15 Minuten.

Marzipanwürfel

	Für den Teig
150 g Weizenmehl	mit
½ gestrichenen TL Backpulver	mischen, auf die Arbeitsfläche sieben, in die Mitte eine Vertiefung eindrücken
65 g Zucker	
1 Päckchen Vanillin-Zucker	
1 Ei	(die Hälfte des Eiweißes zurücklassen) hineingeben, mit einem Teil des Mehls zu einer dicken Masse verarbeiten
65 g kalte Butter	in Stücke schneiden, auf die Masse geben, mit Mehl bedecken, von der Mitte aus alle Zutaten schnell zu einem glatten Teig verkneten, sollte er kleben, ihn eine Zeitlang kalt stellen, den Teig in der Größe von 25 x 25 cm auf einem Backblech ausrollen, mehrmals mit einer Gabel einstechen, in den Backofen schieben, nur hellgelb backen
Ober-/Unterhitze	170–200 °C (vorgeheizt)
Heißluft	150–170 °C (nicht vorgeheizt)
Gas	Stufe 3–4 (vorgeheizt)
Backzeit	10–15 Minuten
etwa 100 g Aprikosen-Konfitüre	durch ein Sieb streichen, die gut ausgekühlte Gebäckplatte damit bestreichen.
	Für den Belag
100 g Puderzucker	sieben, mit
200 g Marzipan-Rohmasse	verkneten, auf
gesiebtem Puderzucker	in der Größe von 25 x 25 cm ausrollen, die Marzipanplatte auf die Gebäckplatte legen, gut andrücken, mit einem Messerrücken oder kleinen Förmchen Verzierungen eindrücken, die obere Seite mit dem zurückgelassenen Eiweiß leicht bestreichen, das Backblech auf die oberste Schiene in den Backofen schieben, leicht überbacken
Ober-/Unterhitze	etwa 250 °C (vorgeheizt)
Heißluft	etwa 220 °C (nicht vorgeheizt)
Gas	etwa Stufe 6 (vorgeheizt)
Backzeit	etwa 5 Minuten das Gebäck erkalten lassen, in Würfel schneiden.
	Für den Guß
etwa 200 g dunkle Kuvertüre	in einem kleinen Topf im Wasserbad bei schwacher Hitze zu einer geschmeidigen Masse verrühren, die Marzipanwürfel bis zur Hälfte hineintauchen.

Glückspilze

(Foto)

	Für den Teig
400 g Weizenmehl	mit
½ gestrichenen TL Backpulver	mischen, in eine Rührschüssel sieben
75 g Zucker	
1 Päckchen Vanillin-Zucker	
Salz	
2 Eier	
150 g weiche Butter	hinzufügen die Zutaten mit einem Handrührgerät mit Knethaken zunächst kurz auf niedrigster, dann auf höchster Stufe gut durcharbeiten, anschließend auf der Tischplatte zu einem glatten Teig verkneten, ihn eine Zeitlang kalt stellen den Teig etwa 3 mm dick ausrollen, mit einer runden, gezackten Form (Durchmesser etwa 5 cm) ausstechen, auf ein Backblech legen, mit
Kondensmilch	bestreichen, mit
etwa 200 g roten und 100 g grünen Belegkirschen	
100 g abgezogenen, halbierten Mandeln	in Form von Pilzen garnieren, in den Backofen schieben
Ober-/Unterhitze	170–200 °C (vorgeheizt)
Heißluft	150–180 °C (nicht vorgeheizt)
Gas	Stufe 3–4 (vorgeheizt)
Backzeit	10–12 Minuten.
	Zum Verzieren
50 g Puderzucker	sieben, mit
etwas Wasser	verrühren, so daß eine spritzfähige Masse entsteht, mit Hilfe eines Pergamentpapiertütchens als Tupfen auf die erkalteten Pilzköpfe spritzen.

Nußherzen

3 Eiweiß	mit einem Handrührgerät mit Rührbesen auf höchster Stufe steif schlagen, es muß so fest sein, daß ein Messerschnitt sichtbar bleibt
250 g Puderzucker	sieben, eßlöffelweise unterschlagen, die Masse teilen, eine Hälfte mit
30 g gewürfeltem Zitronat(Sukkade)	
250 g gemahlenen Haselnußkernen	
1 Packung Rum-back	vermengen, gut durchkneten, auf der mit
Zucker	bestreuten Arbeitsfläche ausrollen, mit einer Herzform Plätzchen ausstechen, auf ein Backblech legen, die Teigherzen mit der restlichen Eiweißmasse bestreichen, mit
roten, halbierten Belegkirschen	garnieren, das Backblech in den vorgeheizten Backofen schieben
Ober-/Unterhitze	150–170 °C (vorgeheizt)
Heißluft	130–150 °C (nicht vorgeheizt)
Gas	Stufe 2–3 (vorgeheizt)
Backzeit	etwa 40 Minuten.

Würzige Früchteplätzchen

75 g Butter	mit einem Handrührgerät mit Rührbesen auf höchster Stufe in etwa 1/2 Minute geschmeidig rühren, nach und nach
150 g Zucker	
1 Päckchen Vanillin-Zucker	unterrühren, so lange rühren, bis eine gebundene Masse entstanden ist
2 Eier	unterrühren (jedes Ei etwa 1/2 Minute)
Salz	
je 1 gut gehäufte Messerspitze gemahlene Nelken, gemahlenen Kardamom, gemahlenen Zimt	hinzufügen
250 g Mehl	mit
1 gestrichenen TL Backpulver	mischen, sieben, eßlöffelweise unterrühren
30 g gewürfeltes Zitronat (Sukkade)	
30 g gewürfeltes Orangeat	
75 g abgezogene, gehackte Mandeln	unter den Teig heben, mit 2 Teelöffeln Teighäufchen auf ein mit Backpapier belegtes Backblech setzen, in den Backofen schieben
Ober-/Unterhitze	180–200 °C (vorgeheizt)
Heißluft	150–170 °C (nicht vorgeheizt)
Gas	Stufe 3–4 (vorgeheizt)
Backzeit	10–15 Minuten.

	Für den Guß
150 g gesiebten Puderzucker	mit
3–4 EL Zitronensaft	zu einer dickflüssigen Masse verrühren, die erkalteten Plätzchen dünn damit bestreichen.

Nuß-Nougat-Plätzchen

	Für den Teig
2 Eier	mit einem Handrührgerät mit Rührbesen auf höchster Stufe schaumig schlagen, nach und nach
200 g Zucker	
1 Päckchen Vanillin-Zucker	hinzugeben
1 Messerspitze gemahlene Nelken	
1 Messerspitze gemahlene Muskatblüte	
3 Tropfen Backöl Zitrone	
50 g verlesene Rosinen	
30 g feingewürfeltes Orangeat	
30 g feingewürfeltes Zitronat (Sukkade)	
250 g gemahlene Haselnußkerne	unter die Eiercreme rühren
200 g Nuß-Nougat-Masse	in einem kleinen Topf im Wasserbad bei schwacher Hitze zu einer geschmeidigen Masse verrühren,

	unter die Haselnußmasse rühren, die Masse bergartig auf
etwa 70 Oblaten (Durchmesser 5 cm)	streichen, auf ein Backblech legen
Ober-/Unterhitze	130–150 °C (vorgeheizt)
Heißluft	110–130 °C (nicht vorgeheizt)
Gas	Stufe 1–2 (nicht vorgeheizt)
Backzeit	20–25 Minuten.
	Für den Guß
250 g Puderzucker	sieben, mit
5–6 EL Zitronensaft	zu einer dickflüssigen Masse verrühren, die noch warmen Plätzchen damit bestreichen.

Kokosplätzchen

	Für den Teig
250 g Weizenmehl	mit
1 gestrichenen TL Backpulver	mischen, in eine Rührschüssel sieben
75 g Zucker **1 Päckchen Vanillin-Zucker** **2 Eigelb** **125 g weiche Margarine**	hinzufügen die Zutaten mit einem Handrührgerät mit Knethaken zunächst kurz auf niedrigster, dann auf höchster Stufe gut durcharbeiten, anschließend auf der Arbeitsfläche zu einem glatten Teig verkneten, sollte er kleben, ihn eine Zeitlang kalt stellen, den Teig dünn ausrollen, mit zwei verschiedenen großen Formen (Durchmesser etwa 4,5 cm und etwa 3 cm) ausstechen, die größeren Plätzchen auf ein gefettetes Backblech legen.
	Für den Belag
3 Eiweiß	mit einem Handrührgerät mit Rührbesen auf höchster Stufe zu steifem Schnee schlagen, er muß so fest sein, daß ein Messerschnitt sichtbar bleibt
100 g Zucker	eßlöffelweise darunter rühren
175 g Kokosraspel **3 Tropfen Backöl Bittermandel**	unterheben, die Kokosmasse in Häufchen auf die großen Teigplätzchen geben, jeweils ein kleines Teigplätzchen schräg daran legen
1 Eigelb	mit
1 TL Kondensmilch	verschlagen, die kleinen Teigplätzchen damit bestreichen, in den vorgeheizten Backofen schieben
Ober-/Unterhitze	180–200 °C (vorgeheizt)
Heißluft	150–170 °C (nicht vorgeheizt)
Gas	Stufe 3–4 (vorgeheizt)
Backzeit	10–15 Minuten.

Mandelsternchen

(Foto)

250 g Mehl auf die Arbeitsfläche sieben, in die Mitte eine Vertiefung eindrücken

150 g Zucker
2 Päckchen Vanillin-Zucker
Salz
1 Messerspitze gemahlenen Zimt
2 Eigelb hineingeben, mit einem Teil des Mehls zu einer dicken Masse verarbeiten

200 g kalte Butter oder Margarine in Stücke schneiden, mit
70 g abgezogenen, gemahlenen Mandeln auf die Masse geben, mit Mehl bedecken, von der Mitte aus alle Zutaten schnell zu einem glatten Teig verkneten, sollte der Teig kleben, ihn eine Zeitlang kalt stellen, den Teig in kleinen Portionen etwa 3 mm dick ausrollen, kleine Sterne ausstechen, auf ein Backblech legen

1 Eigelb mit
1 EL Milch verquirlen, die Teigplätzchen damit bestreichen

75 g abgezogene Mandeln halbieren, jedes Teigplätzchen mit einer Mandelhälfte belegen, in den vorgeheizten Backofen schieben

Ober-/Unterhitze 180–200 °C (vorgeheizt)
Heißluft 150–170 °C (nicht vorgeheizt)
Gas Stufe 3–4 (vorgeheizt)
Backzeit etwa 10 Minuten.

Walnußkugeln

Für den Teig

150 g Weizenmehl mit
1 gestrichenen TL Backpulver mischen, in eine Rührschüssel sieben

150 g Grieß
60 g Zucker
Salz
3–4 EL Milch
150 g weiche Butter oder Margarine hinzufügen, die Zutaten mit einem Handrührgerät mit Knethaken zunächst kurz auf niedrigster, dann auf höchster Stufe gut durcharbeiten, anschließend auf der Arbeitsfläche zu einem glatten Teig verkneten, den Teig etwa 20 Minuten kalt stellen.

Für die Füllung

75 g gemahlene Walnußkerne mit
50 g Zucker
1 TL gemahlenem Zimt mischen, aus dem Teig 30–35 walnußgroße Kugeln formen, flachdrücken, in die Mitte jedes Teigplätzchens etwas von der Füllung geben, wieder zu Kugeln formen, etwas flachdrücken, auf ein Backblech legen, in den Backofen schieben

Ober-/Unterhitze etwa 200 °C (vorgeheizt)
Heißluft etwa 180 °C (nicht vorgeheizt)
Gas etwa Stufe 3 (vorgeheizt)
Backzeit etwa 20 Minuten.

Pfefferkuchenplätzchen

250 g Weizenmehl	mit
2 gestrichenen TL Backpulver	mischen, auf die Arbeitsfläche sieben, in die Mitte eine Vertiefung eindrücken
175 g Zucker **1 Messerspitze gemahlenen Zimt** **1 Messerspitze gemahlene Nelken** **1 Messerspitze geriebene Muskatnuß** **6 Tropfen Backöl Zitrone** **100 g Honig** **1 Eigelb** **2 EL Milch**	hineingeben, mit einem Teil des Mehls zu einer dicken Masse verarbeiten
125 g kalte Butter oder Margarine	in Stücke schneiden
1 Päckchen Pudding-Pulver Schokolade mit gehackten Mandeln **125 g gemahlene Haselnußkerne**	die Zutaten auf die Masse geben, mit Mehl bedecken, alle Zutaten von der Mitte aus schnell zu einem glatten Teig verkneten, sollte er kleben, ihn eine Zeitlang kalt stellen, den Teig dünn ausrollen, mit beliebigen Formen Plätzchen ausstechen, auf ein gefettetes Backblech legen, mit
1 verschlagenen Eiweiß	bestreichen, nach Belieben mit
Schokoladenstreuseln **Hagelzucker** **gehackten Haselnuß- oder Walnußkernen** **abgezogenen, gehackten Mandeln** **feingewürfeltem Orangeat oder Zitronat**	bestreuen, das Backblech in den Backofen schieben
Ober-/Unterhitze	180–200 °C (vorgeheizt)
Heißluft	150–170 °C (nicht vorgeheizt)
Gas	Stufe 3–4 (vorgeheizt)
Backzeit	8–10 Minuten.
Tip	Einen Teil der Plätzchen nicht bestreichen und bestreuen, sondern nach dem Backen mit gefärbtem Puderzucker verzieren.

Bunte Baisers

2 Eiweiß	mit einem Handrührgerät mit Rührbesen auf höchster Stufe steif schlagen, es muß so fest sein, daß ein Messerschnitt sichtbar bleibt, nach und nach $^2/_3$ von
120 g Zucker	unterschlagen
$^1/_2$ TL Zitronensaft oder Essig	hinzufügen, den restlichen Zucker unterschlagen, den Eischnee in Portionen teilen, mit
Lebensmittelfarbe (rosa, grün)	färben (einen Teil nach Belieben weiß lassen), den Eischnee in einen Spritzbeutel mit Sterntülle füllen, verschiedene Formen (z.B. Kränze, Schleifen, Dreiecke, Quadrate) auf ein mit gefettetem Backpapier belegtes Backblech spritzen, mit
bunten Zuckerstreuseln oder -perlen	garnieren, das Backblech in den Backofen schieben
Ober-/Unterhitze	etwa 100 °C (vorgeheizt)
Heißluft	etwa 80 °C (nicht vorgeheizt)
Gas	etwa Stufe 1 (vorgeheizt)
Backzeit	etwa 1 $^1/_2$ Stunden danach den Backofen ausschalten, die Baisers noch weitere 10 Minuten im Ofen lassen.

Herzen

	Für den Teig
125 g Butter	mit einem Handrührgerät mit Rührbesen auf höchster Stufe in etwa $^1/_2$ Minute geschmeidig rühren, nach und nach
125 g Zucker **1 Päckchen Vanillin-Zucker** **2 Eier** **Salz** **75 ml Sahne** **2 EL Rum**	unterrühren, bis eine gebundene Masse entstanden ist
500 g Mehl	mit
3 gestrichenen TL Backpulver	mischen, sieben, $^2/_3$ davon eßlöffelweise auf mittlerer Stufe unter den Teig rühren, den Rest des Mehls unterkneten, den Teig auf der mit
Weizenmehl	bestäubten Arbeitsfläche etwa $^1/_2$ cm dick ausrollen, mit einer Ausstechform Herzen (nach Belieben andere Formen) ausstechen, schwimmend in siedendem
Ausbackfett	goldbraun backen, zwischendurch einmal umdrehen, auf Küchenpapier abtropfen lassen.
	Für den Guß
125 g gesiebten Puderzucker	mit
etwa 2 EL Rum	zu einer geschmeidigen Masse verrühren, die Herzen auf einer Seite mit dem Guß bestreichen, nach Belieben warm oder kalt mit
Schlagsahne	servieren.

Wiener Herzen

(Foto)

	Für den Teig
300 g Mehl	auf die Arbeitsfläche sieben, in die Mitte eine Vertiefung eindrücken
100 g gesiebten Puderzucker 2 Päckchen Vanillin-Zucker 2 Eigelb etwas Salz abgeriebene Schale von 1 Zitrone	hineingeben, mit etwas Mehl zu einer dicken Masse verarbeiten
200 g kalte Butter	in Stücke schneiden, auf die Masse geben, mit Mehl bedecken, von der Mitte aus alle Zutaten schnell zu einem glatten Teig verkneten den Teig dünn ausrollen, Herzen ausstechen, auf ein Backblech legen, in den Backofen schieben
Ober-/Unterhitze	180–200 °C (vorgeheizt)
Heißluft	150–170 °C (nicht vorgeheizt)
Gas	Stufe 3–4 (vorgeheizt)
Backzeit	8–10 Minuten die Hälfte der erkalteten Plätzchen auf der Unterseite mit
2 EL Aprikosen-Konfitüre	bestreichen, die übrigen mit der Unterseite darauf setzen.
	Für den Guß
1 EL Aprikosen-Konfitüre	durch ein Sieb streichen, mit
1 EL Orangenlikör	in einem kleinen Topf verrühren, kurz aufkochen lassen, die Plätzchen damit bestreichen.
	Zum Verzieren
50 g Puderzucker	sieben, mit
1 TL Rum etwas Eiweiß	zu einem dickflüssigen Guß verrühren, die Plätzchen damit verzieren.

Anisplätzchen

3 Eier	mit einem Handrührgerät mit Rührbesen auf höchster Stufe schaumig schlagen, nach und nach
200 g Zucker 1 Päckchen Vanillin-Zucker	unterrühren, so lange rühren, bis eine gebundene Masse entstanden ist, nach etwa 15 Minuten
125 g Mehl	mit
125 g Speisestärke	mischen, sieben, eßlöffelweise auf mittlerer Stufe mit
15 g gemahlenen Anissamen	unter die Creme rühren von dem Teig mit 2 Teelöffeln Häufchen auf gefettete, mit
Weizenmehl	bestäubte Backbleche setzen die Bleche mit den Teighäufchen über Nacht nebeneinander in einem warmen Raum trocknen lassen, die Bleche am anderen Tag in den Backofen schieben
Ober-/Unterhitze	130–150 °C (vorgeheizt)
Heißluft	110–130 °C (nicht vorgeheizt)
Gas	Stufe 1–2 (vorgeheizt)
Backzeit	etwa 35 Minuten.

Prager Plätzchen

	Für den Teig
375 g Weizenmehl	mit
1 gestrichenen TL Backpulver	mischen, in eine Rührschüssel sieben
50 g Zucker	
1 Päckchen Vanillin-Zucker	
3 Eigelb	
250 g weiche Butter	hinzufügen die Zutaten mit einem Handrührgerät mit Knethaken zunächst kurz auf niedrigster, dann auf höchster Stufe gut durcharbeiten, anschließend auf der Arbeitsfläche zu einem glatten Teig verkneten, sollte er kleben, ihn eine Zeitlang kalt stellen, den Teig dünn ausrollen, mit einer runden Form (Durchmesser etwa 4 cm) ausstechen, auf ein Backblech legen.
	Für den Belag
3 Eiweiß	steif schlagen, es muß so fest sein, daß ein Messerschnitt sichtbar bleibt
200 g Puderzucker	sieben, nach und nach unterschlagen, die Masse in einen Spritzbeutel mit Lochtülle füllen, als Tuffs auf die Teigplätzchen spritzen, mit
75 g abgezogenen, gehackten Mandeln	bestreuen
175 g Korinthen	waschen, gut abtropfen lassen, in jedes Plätzchen einige hineindrücken, in den Backofen schieben
Ober-/Unterhitze	180–200 °C (vorgeheizt)
Heißluft	150–170 °C (nicht vorgeheizt)
Gas	Stufe 3–4 (vorgeheizt)
Backzeit	10–15 Minuten.

Linzer Plätzchen

250 g Mehl	in eine Rührschüssel sieben
125 g Zucker	
½ Packung Citro-back	
1 Packung Rum-back	
2 Eigelb	
125 g weiche Butter oder Margarine	
100 g abgezogene, gemahlene Mandeln	hinzufügen die Zutaten mit einem Handrührgerät mit Knethaken zunächst kurz auf niedrigster, dann auf höchster Stufe gut durcharbeiten, anschließend auf der Arbeitsfläche zu einem glatten Teig verkneten, sollte er kleben, ihn eine Zeitlang kalt stellen, den Teig messerrückendick ausrollen, mit einer runden, gezackten Form (Durchmesser etwa 4 cm) Plätzchen ausstechen, auf ein Backblech legen
2 Eiweiß	verschlagen, die Plätzchen damit bestreichen, das Backblech in den Backofen schieben

Ober-/Unterhitze etwa 200 °C (vorgeheizt)
Heißluft etwa 180 °C (nicht vorgeheizt)
Gas Stufe 3–4 (vorgeheizt)
Backzeit etwa 15 Minuten
die erkalteten Plätzchen dünn mit
Himbeer-, Johannisbeer-Gelee bestreichen, mit
Zitronenglasur kleine Pünktchen darauf setzen.

Tip Die Plätzchen mit Zitronenglasur bestreichen, mit Gelee-Pünktchen garnieren.

Schokoladenplätzchen

Für den Teig

125 g Butter oder Margarine mit einem Handrührgerät mit Rührbesen auf höchster Stufe in etwa ½ Minute geschmeidig rühren, nach und nach
75 g Zucker
1 Eigelb hinzugeben
200 g gesiebtes Weizenmehl
200 g zerlassene Halbbitter-Kuvertüre dazugeben, alle Zutaten zu einem glatten Teig verarbeiten, den Teig messerrückendick ausrollen, mit einer kleinen, runden Form (Durchmesser etwa 4 cm) Plätzchen ausstechen, auf ein gefettetes Backblech legen, in den Backofen schieben

Ober-/Unterhitze etwa 200 °C (vorgeheizt)
Heißluft etwa 180 °C (nicht vorgeheizt)
Gas Stufe 3–4 (vorgeheizt)
Backzeit etwa 20 Minuten.

Für die Füllung

200 g Nuß-Nougat-Masse auf Folie ausrollen, mit der Form Plätzchen ausstechen
je 2 gebackene Plätzchen mit einem Nougatplätzchen zusammensetzen.

Für den Guß

1 Packung Schokoladen-Kuchenglasur nach der Vorschrift auf der Packung auflösen, die Plätzchen damit bestreichen, mit
bunten Zuckerstreuseln garnieren.

Weinplätzchen

(Foto)

Für den Teig

375 g Weizenmehl in eine Rührschüssel sieben
125 g Zucker
1 Päckchen Vanillin-Zucker
3 EL Weißwein
200 g weiche Butter hinzufügen
die Zutaten mit einem Handrührgerät mit Knethaken zunächst kurz auf niedrigster, dann auf höchster Stufe gut durcharbeiten, anschließend auf der Arbeitsfläche zu einem glatten Teig verkneten, sollte er kleben, ihn eine Zeitlang kalt stellen, den Teig etwa 3 mm dick ausrollen, mit einer runden Form (Durchmesser etwa 4 cm) ausstechen, auf ein Backblech legen.

Für den Belag

2 Eiweiß steif schlagen, der Schnee muß so fest sein, daß ein Messerschnitt sichtbar bleibt, die Teigplätzchen damit bestreichen
60 g Zucker
etwas gemahlenen Zimt mischen, die Plätzchen damit und mit
abgezogenen, gehackten Mandeln bestreuen, in den Backofen schieben
Ober-/Unterhitze 180–200 °C (vorgeheizt)
Heißluft 150–170 °C (nicht vorgeheizt)
Gas Stufe 3–4 (vorgeheizt)
Backzeit 10–15 Minuten.

Kokosmakronen mit Quark

Für den Teig

4 Eiweiß mit einem Handrührgerät mit Rührbesen auf höchster Stufe steif schlagen, es muß so fest sein, daß ein Messerschnitt sichtbar bleibt, nach und nach
150 g Zucker
1 Päckchen Vanillin-Zucker darunter schlagen
65 g Magerquark
4 Tropfen Backöl Bittermandel vorsichtig unterrühren
200 g Kokosraspel unterheben, mit 2 Teelöffeln Teighäufchen auf ein gefettetes Backblech setzen, in den Backofen schieben
Ober-/Unterhitze 200–225 °C (vorgeheizt)
Heißluft 180–200 °C (nicht vorgeheizt)
Gas Stufe 3–4 (vorgeheizt)
Backzeit 10–15 Minuten.

Für den Guß

100 g Kuchenglasur dunkel nach der Vorschrift auf dem Päckchen auflösen, die erkalteten Makronen jeweils zur Hälfte damit bestreichen.

Zimtsterne

(Foto)

3 Eiweiß	mit einem Handrührgerät mit Rührbesen auf höchster Stufe steif schlagen
250 g Puderzucker	sieben, nach und nach unterrühren, zum Bestreichen der Sterne 2 gut gehäufte Eßlöffel Eischnee abnehmen, unter den übrigen Eischnee
1 Päckchen Vanillin-Zucker	
3 Tropfen Backöl Bittermandel	
1 gestrichenen TL gemahlenen Zimt	und die Hälfte von
275-325 g nicht abgezogenen, gemahlenen Mandeln	oder
gemahlenen Haselnußkernen	vorsichtig auf niedrigster Stufe rühren, von dem Rest der Mandeln so viel unterkneten, daß der Teig kaum noch klebt, ihn auf einer mit
gemahlenen Mandeln	oder
Haselnußkernen	oder
gesiebtem Puderzucker	bestreuten Arbeitsfläche etwa ½ cm dick ausrollen, Sterne ausstechen, auf ein mit Back-Trennpapier belegtes Backblech legen, mit dem zurückgelassenen Eierschnee bestreichen, der Guß muß so sein, daß er sich glatt auf die Sterne streichen läßt, evtl.
einige Tropfen Wasser	unterrühren, das Backblech in den vorgeheizten Backofen schieben
Ober-/Unterhitze	130–150 °C (vorgeheizt)
Heißluft	110–130 °C (nicht vorgeheizt)
Gas	Stufe 1–2 (vorgeheizt)
Backzeit	20–30 Minuten.

Mandelbrenten

200 g gemahlene, geröstete Mandeln	mit
etwa 60 ml Rosenwasser	
100 g Zucker	mit einem Handrührgerät mit Rührbesen verrühren
50 g Puderzucker	
40 g Weizenmehl	mischen, sieben, mit der Mandelmasse auf der Arbeitsfläche verkneten, den Teig eine Zeitlang kalt stellen, ihn auf der mit
Puderzucker	bestäubten Arbeitsfläche ausrollen, ovale Plätzchen (etwa 6 x 3 cm) ausstechen, auf ein Backblech legen
1 Eigelb	verschlagen, die Plätzchen damit bestreichen
200 g abgezogene Mandeln	halbieren, in Form eines Tannenzapfens auf die Plätzchen legen, das Backblech in den Backofen schieben
Ober-/Unterhitze	180–200 °C (vorgeheizt)
Heißluft	150–170 °C (nicht vorgeheizt)
Gas	Stufe 2–3 (vorgeheizt)
Backzeit	10–15 Minuten.

Nußschnecken

	Für den Teig
250 g Weizenmehl	mit
½ gestrichenen TL Backpulver	mischen, in eine Rührschüssel sieben
50 g Zucker	
1 Päckchen Vanillin-Zucker	
1 Ei	
125 g weiche Butter oder Margarine	hinzufügen, die Zutaten mit einem Handrührgerät mit Knethaken zunächst kurz auf niedrigster, dann auf höchster Stufe gut durcharbeiten, anschließend auf der Arbeitsfläche zu einem glatten Teig verkneten, sollte er kleben, ihn eine Zeitlang kalt stellen.
	Für die Füllung
125 g gemahlene Haselnußkerne	mit
75 g Zucker	
1 Päckchen Vanillin-Zucker	
1 Eiweiß	
½ Eigelb	
2 EL Weinbrand	zu einer geschmeidigen Masse verrühren
100 g Rum-Rosinen	sehr fein hacken, hinzufügen den Teig in 3 Teile teilen, jedes zu einem Rechteck von 30 x 25 cm ausrollen, die Füllung gleichmäßig auf den Teigstücken verstreichen, jedes von der längeren Seite her aufrollen, so lange kalt stellen (am besten über Nacht), bis sie hart geworden sind, die Rollen in etwa ½ cm dicke Scheiben schneiden
etwa 50 g Zucker	mit
½ TL gemahlenem Zimt	mischen, die Scheiben jeweils mit einer Seite hineindrücken, mit dieser Seite auf ein mit gefettetem Backpapier belegtes Backblech legen
½ Eigelb	mit
1 EL Milch	verschlagen, die Plätzchen damit bestreichen, das Backblech in den Backofen schieben
Ober-/Unterhitze	180–200 °C (vorgeheizt)
Heißluft	150–175 °C (nicht vorgeheizt)
Gas	Stufe 3–4 (vorgeheizt)
Backzeit	10–15 Minuten.

Gefüllte Hütchen

	Für die Füllung
125 g Puderzucker	sieben
125 g abgezogene, gemahlene Mandeln	
3 Tropfen Backöl Bittermandel	
1 Eiweiß	die Zutaten unter ständigem Rühren so lange erwärmen, bis eine gleichmäßige Masse entstanden ist, erkalten lassen, knapp haselnußgroße Kugeln (etwa 130 Stück) daraus formen.

Für den Teig

250 g Weizenmehl mit
1 gestrichenen TL Backpulver mischen, in eine Rührschüssel sieben
75 g Zucker
1 Päckchen Vanillin-Zucker
1 Ei
125 g weiche Butter oder Margarine hinzufügen, die Zutaten mit einem Handrührgerät mit Knethaken zunächst kurz auf niedrigster, dann auf höchster Stufe gut durcharbeiten, anschließend auf der Arbeitsfläche zu einem glatten Teig verkneten, ihn eine Zeitlang kalt stellen, den Teig dünn ausrollen, mit einer runden Form (Durchmesser etwa 4 cm) Plätzchen ausstechen, auf jedes Teigplätzchen eine Mandelkugel legen, den Teigrand jeweils leicht anheben, an drei Stellen so an die Kugel drücken, daß ein „Dreispitz" entsteht, die Hütchen auf ein gefettetes Backblech legen
1 Eigelb mit
1 EL Milch verschlagen, die Hütchen sorgfältig damit bestreichen, das Backblech in den Backofen schieben
Ober-/Unterhitze 180–200 °C (vorgeheizt)
Heißluft 150–170 °C (nicht vorgeheizt)
Gas Stufe 3–4 (vorgeheizt)
Backzeit 10–15 Minuten.

Nußmöppchen

Für den Teig

150 g Butter oder Margarine geschmeidig rühren, nach und nach
175 g Zucker
1 Päckchen Vanillin-Zucker
½ Fläschchen Rum-Aroma
1 Ei hinzugeben
250 g Weizenmehl mit
2 gestrichenen TL Backpulver mischen, ⅔ des Mehls eßlöffelweise unterrühren, die Teigmasse mit dem Rest des Mehls
150 g Grieß
100 g gemahlenen Haselnußkernen verkneten, sollte der Teig kleben, ihn eine Zeitlang kalt stellen, den Teig zu Rollen formen (Durchmesser etwa 2 cm), etwa ½ cm dicke Scheiben davon abschneiden, diese zu Kugeln formen, auf ein gefettetes Backblech legen, von
100 g Haselnußkernen in jede Kugel einen Haselnußkern leicht eindrücken, das Backblech in den Backofen schieben
Ober-/Unterhitze 180–200 °C (vorgeheizt)
Heißluft 150–170 °C (nicht vorgeheizt)
Gas Stufe 3–4 (vorgeheizt)
Backzeit 20–25 Minuten.

Napoleonshütchen

(Foto)

Für den Teig

250 g Weizenmehl	mit
1 Messerspitze Backpulver	mischen, in eine Rührschüssel sieben
65 g Zucker	
1 Päckchen Vanillin-Zucker	
1 Eigelb	
½ Fläschchen Rum-Aroma	hineingeben, etwa die Hälfte der
abgeriebenen Schale von 1 Orange (unbehandelt)	hinzugeben
125 g weiche Butter oder Margarine	hinzufügen die Zutaten mit einem Handrührgerät mit Knethaken zunächst kurz auf niedrigster, dann auf höchster Stufe gut durcharbeiten, anschließend auf der Arbeitsfläche zu einem glatten Teig verkneten, sollte er kleben, ihn eine Zeitlang kalt stellen.

Für die Füllung

100 g gemahlene Haselnußkerne	mit der restlichen Orangenschale,
50 g Zucker	
½ Fläschchen Rum-Aroma	
1 ½ Eiweiß	
etwa 2 EL Orangensaft	zu einer geschmeidigen Masse verrühren
40 g Korinthen	verlesen, zuletzt unterrühren den Teig dünn ausrollen, mit einer runden Form (Durchmesser etwa 4 cm) Plätzchen ausstechen, mit
½ Eiweiß	bestreichen, je ein etwa haselnußgroßes Häufchen von der Füllung darauf setzen, den Teigrand jeweils leicht anheben, an drei Stellen so an die Füllung drücken, daß ein „Dreispitz" entsteht, die Hütchen auf ein Backblech legen
1 Eigelb	mit
1 EL Milch	verschlagen, die Teigstücke sorgfältig damit bestreichen, das Backblech in den Backofen schieben
Ober-/Unterhitze	180–200 °C (vorgeheizt)
Heißluft	150–170 °C (nicht vorgeheizt)
Gas	Stufe 3–4 (vorgeheizt)
Backzeit	etwa 12 Minuten.

Napoleonkrapferl

Für den Teig

2 Eiweiß steif schlagen, es muß so fest sein, daß ein Messerschnitt sichtbar bleibt

250 g Puderzucker mit

1 Päckchen Vanillin-Zucker mischen, sieben, nach und nach unter den Eischnee schlagen, etwa die Hälfte von

300 g gemahlenen Haselnußkernen unterrühren, von dem Rest der Nüsse so viel darunter kneten, daß der Teig kaum noch klebt
den Teig auf der mit

150 g gemahlenen Haselnußkernen dicht bestreuten Arbeitsfläche etwa 3 mm dick ausrollen, mit einer runden Form (Durchmesser etwa 4 cm) Plätzchen ausstechen, auf ein mit Backpapier bedecktes Backblech legen, in den Backofen schieben

Ober-/Unterhitze 130–150 °C (vorgeheizt)
Heißluft 100–120 °C (nicht vorgeheizt)
Gas Stufe 1–2 (vorgeheizt)
Backzeit etwa 20 Minuten.

Für die Füllung

100 g Kokosfett zerlassen, kalt stellen

50 g Puderzucker mit

30 g Kakao mischen, sieben, mit

1 Päckchen Vanillin-Zucker
3 Tropfen Backöl Bittermandel
einigen Tropfen Rum-Aroma in eine Rührschüssel geben, nach und nach mit dem lauwarmen Kokosfett

1 Ei verrühren, kalt stellen.

Für den Guß

etwa 100 g Schokoladen-Kuchenglasur nach der Vorschrift auf der Packung auflösen, die Hälfte der Plätzchen damit bestreichen, jeweils mit einem von

etwa 50 g Haselnußkernen garnieren, sobald die Füllung etwas fest geworden ist, die restlichen Plätzchen auf der Unterseite damit bestreichen, die Garnierten darauf legen.

Rondjes

50 g Zucker unter Rühren so lange erhitzen, bis er gebräunt ist, ihn dann auf ein geöltes Stück Alufolie legen nach dem Erkalten den Zucker fein zerdrücken

175 g Butter geschmeidig rühren, nach und nach

75 g Rohzucker
1 TL Sirup
1 EL Wasser hinzufügen

250 g Weizenmehl sieben, eßlöffelweise unterrrühren zuletzt den zerdrückten Zucker unterkneten, aus dem Teig gut haselnußgroße Kugeln formen, nicht zu dicht nebeneinander auf ein Backblech legen,

	flachdrücken, das Backblech in den Backofen schieben
Ober-/Unterhitze	180–200 °C (vorgeheizt)
Heißluft	150–170 °C (nicht vorgeheizt)
Gas	Stufe 3–4 (vorgeheizt)
Backzeit	etwa 10 Minuten die Plätzchen sofort nach dem Backen vom Backblech lösen, in einer gut schließenden Dose aufbewahren.

Kernige Schokoplätzchen

200 g Butter oder Margarine	mit einem Handrührgerät mit Rührbesen zu einer cremigen Masse rühren, nach und nach
200 g Zucker **2 Päckchen Vanillin-Zucker** **1 EL Wasser** **2 Eier**	hinzugeben
125 g Weizenmehl	sieben, mit
1 1/2 gestrichenen TL Backpulver **2 EL Kakao**	mischen, sieben
250 g kernige Haferflocken **50 g abgezogene, gehackte Mandeln**	eßlöffelweise unterrühren
2 EL Rum	hinzufügen von dem Teig mit 2 Teelöffeln Häufchen auf ein gefettetes Backblech setzen, flachdrücken, das Backblech in den Backofen schieben
Ober-/Unterhitze	etwa 180 °C (vorgeheizt)
Heißluft	etwa 160 °C (nicht vorgeheizt)
Gas	etwa Stufe 3 (vorgeheizt)
Backzeit	etwa 15 Minuten.

Vanillemürbchen

250 g Weizenmehl	in eine Rührschüssel sieben
1 Päckchen Vanillin-Zucker **1 Becher (150 g) Crème fraîche** **175 g weiche Butter**	hinzufügen die Zutaten mit einem Handrührgerät mit Knethaken zunächst kurz auf niedrigster, dann auf höchster Stufe gut durcharbeiten, anschließend auf der Arbeitsfläche zu einem glatten Teig verkneten, sollte er kleben, ihn eine Zeitlang kalt stellen, den Teig etwa 1/2 cm dick ausrollen, zunächst mit einer runden Form (Durchmesser etwa 6 cm) ausstechen die Teigplättchen mit einer kleineren Form (Durchmesser etwa 4 cm) dann so ausstechen, daß Ringe und Plätzchen entstehen, diese mit
Kondensmilch	bestreichen, mit etwa
75 g Hagelzucker	bestreuen, mit der unteren Seite auf ein Backlech legen, in den Backofen schieben
Ober-/Unterhitze	170–200 °C (vorgeheizt)
Heißluft	160–170 °C (nicht vorgeheizt)
Gas	Stufe 3–4 (vorgeheizt)
Backzeit	10–15 Minuten.

Mandelschiffchen

(Foto)	
	Für den Teig
175 g Butter oder Margarine	geschmeidig rühren, nach und nach
100 g gesiebten Puderzucker 1 Päckchen Vanillin-Zucker 1 Eigelb ½ Fläschchen Rum-Aroma 1 Messerspitze gemahlenen Zimt	hinzugeben
200 g Weizenmehl	mit
25 g Kakao 1 Messerspitze Backpulver	mischen, sieben, eßlöffelweise unterrühren
125 g gemahlene Haselnußkerne	zuletzt unter den Teig rühren, aus dem Teig bleistiftdicke Rollen formen, in etwa 4 cm lange Stücke schneiden, an den Enden spitz zusammendrücken, auf ein gefettetes Backblech legen.
	Zum Belegen
abgezogene, halbierte Mandeln	mit
verschlagenem Eiweiß	bestreichen, jeweils 1 Mandelhälfte in jedes Teigstück drücken das Backblech in den Backofen schieben
Ober-/Unterhitze	180–200 °C (vorgeheizt)
Heißluft	150–170 °C (nicht vorgeheizt)
Gas	Stufe 3–4 (vorgeheizt)
Backzeit	etwa 10 Minuten.

Mandelecken

250 g Mehl	mit
1 gestrichenen TL Backpulver	mischen, in eine Rührschüssel sieben
100 g Zucker 1 Päckchen Vanillin-Zucker 7 Tropfen Backöl Bittermandel 1 EL Milch 200 g weiche Butter	hinzufügen, die Zutaten mit einem Handrührgerät mit Knethaken zunächst kurz auf niedrigster, dann auf höchster Stufe gut durcharbeiten, anschließend auf der Arbeitsfläche zu einem glatten Teig verkneten 4 etwa 2 cm dicke Teigrollen formen, mit dem Handballen flachdrücken, so daß Teigstreifen entstehen, die etwa 3 cm breit und 1 cm hoch sind, so lange kalt stellen, bis der Teig hart geworden ist
75 g Mandeln	abziehen, halbieren, die Teigstreifen in Dreiecke schneiden, auf ein Backblech legen, auf jedes eine Mandelhälfte drücken
Ober-/Unterhitze	180–200 °C (vorgeheizt)
Heißluft	150–170 °C (nicht vorgeheizt)
Gas	Stufe 3–4 (vorgeheizt)
Backzeit	10–20 Minuten.

Doppelt gefüllte Mürbchen

	Für den Teig
325 g Weizen-mehl	mit
1 gestrichenen TL Backpulver	mischen, auf die Arbeitsfläche sieben, in die Mitte eine Vertiefung eindrücken
100 g Zucker	
1 Päckchen Vanillin-Zucker	
1 Ei	hineingeben, mit einem Teil des Mehls zu einer dicken Masse verarbeiten
200 g kalte Butter	in Stücke schneiden, auf die Masse geben, mit Mehl bedecken, von der Mitte aus alle Zutaten schnell zu einem glatten Teig verkneten, sollte er kleben, ihn eine Zeitlang kalt stellen, den Teig dünn ausrollen, mit einer runden, gezackten Form (Durchmesser etwa 4 cm) Plätzchen ausstechen, die Hälfte davon noch einmal ausstechen (Durchmesser etwa 1 cm), so daß Ringe entstehen, Plätzchen und Ringe auf ein Backblech legen, in den Backofen schieben
Ober-/Unterhitze	180–200 °C (vorgeheizt)
Heißluft	150–170 °C (nicht vorgeheizt)
Gas	Stufe 3–4 (vorgeheizt)
Backzeit	8–10 Minuten
Ananas-Konfitüre	durch ein Sieb streichen, die erkalteten Plätzchen auf der Unterseite damit bestreichen, die Ringe mit der Unterseite darauf legen.
	Für die Füllung
75 g Zartbitter-schokolade	in Stücke brechen, mit
etwas Kokosfett	in einem kleinen Topf im Wasserbad bei schwacher Hitze zu einer geschmeidgen Masse verrühren, die Plätzchen in der Mitte damit füllen.

Schwarz-Weiß-Sterne

	Für den hellen Teig
200 g Weizen-mehl	mit
1½ gestrichenen TL Backpulver	mischen, in eine Rührschüssel sieben
100 g Zucker	
1 Päckchen Vanillin-Zucker	
1 Ei	
1 Eigelb	
100 g weiche Butter	hinzufügen, die Zutaten mit einem Handrührgerät mit Knethaken zunächst kurz auf niedrigster, dann auf höchster Stufe gut durcharbeiten, anschließend auf der Arbeitsfläche zu einem glatten Teig verkneten, sollte er kleben, ihn eine Zeitlang kalt stellen, den Teig dünn ausrollen, mit einer Sternform Plätzchen ausstechen, auf ein gefettetes Backblech legen.
	Für den dunklen Teig
75 g Butter oder Margarine	mit einem Handrührgerät mit Rührbesen auf höchster Stufe in

	etwa ½ Minute geschmeidig rühren, nach und nach
75 g Zucker 1 Päckchen Vanillin-Zucker 1 Eiweiß 2 Tropfen Backöl Bittermandel 2 Tropfen Backöl Zitrone ½ Fläschchen Rum-Aroma 1 Messerspitze gemahlenen Zimt etwas gemahlenen Kardamom 1 Messespitze gemahlene Nelken	unterrühren, so lange rühren, bis eine gebundene Masse entstanden ist
50 g Weizenmehl	mit
30 g Speisestärke 1 gestrichenen EL Kakao ½ gestrichenen TL Backpulver	mischen, sieben, eßlöffelweise auf mittlerer Stufe unterrühren, zuletzt
30 g geriebene Schokolade	hinzufügen, den Teig in einen Spritzbeutel mit glatter Tülle füllen, strichförmig auf die Sterne spritzen, das Backblech in den Backofen schieben
Ober-/Unterhitze	180–200 °C (vorgeheizt)
Heißluft	150–170 °C (nicht vorgeheizt)
Gas	Stufe 3–4 (vorgeheizt)
Backzeit	etwa 10 Minuten.

Mandelknusperchen

375 g Weizenmehl	mit
1 gestrichenen TL Backpulver	mischen, in eine Rührschüssel sieben
350 g Grümmel (gestoßener, brauner Kandis) 1 ½ TL gemahlenen Zimt 2 Eier 125 g weiche Butter oder Margarine 200 g abgezogenen, gesplitterte Mandeln	hinzufügen, die Zutaten mit einem Handrührgerät mit Knethaken zunächst kurz auf niedrigster, dann auf höchster Stufe gut durcharbeiten, anschließend auf der Arbeitsfläche zu einem glatten Teig verkneten, daraus gut 2½ cm dicke Rollen formen, sie so lange kalt stellen, bis sie hart geworden sind, dann mit einem scharfen Messer etwa ½ cm dicke Scheiben davon abschneiden, sie auf ein gefettetes Backblech legen, in den Backofen schieben
Ober-/Unterhitze	180–200 °C (vorgeheizt)
Heißluft	150–170 °C (nicht vorgeheizt)
Gas	Stufe 3–4 (vorgeheizt)
Backzeit	etwa 10 Minuten.

Bunte Brezeln

(Foto)

Für den Teig

250 g Weizenmehl mit
2 gestrichenen TL Backpulver mischen, in eine Rührschüssel sieben
1 Päckchen Vanillin-Zucker
250 g Magerquark
200 g weiche Butter hinzufügen, die Zutaten mit einem Handrührgerät mit Knethaken zunächst kurz auf niedrigster, dann auf höchster Stufe gut durcharbeiten, anschließend auf der Arbeitsfläche zu einem glatten Teig verkneten, etwa 1/2 cm dick ausrollen, mehrfach übereinanderschlagen und ausrollen, dieses noch ein- bis zweimal wiederholen, danach den Teig (am besten über Nacht) kalt stellen, etwa 1/2 cm dick ausrollen, in Streifen von 1/2 x 22 cm schneiden, zu Brezeln schlingen, auf ein mit Wasser abgespültes Backblech legen, in den Backofen schieben
Ober-/Unterhitze 200–220 °C (vorgeheizt)
Heißluft 180–200 °C (nicht vorgeheizt)
Gas Stufe 4–5 (vorgeheizt)
Backzeit etwa 15 Minuten.

Für den Guß

300 g Zartbitterschokolade in kleine Stücke brechen, mit
75 g Kokosfett in einem kleinen Topf im Wasserbad zu einer geschmeidigen Masse verrühren, die erkalteten Brezeln hineintauchen, mit
bunten Zuckerstreuseln oder Hagelzucker bestreuen.

Schneetaler

300 g Weizenmehl in eine Rührschüssel sieben
100 g Zucker
1 Päckchen Vanillin-Zucker
100 g abgezogene, gemahlene Mandeln
275 g weiche Butter hinzufügen, die Zutaten mit einem Handrührgerät mit Knethaken zunächst kurz auf niedrigster, dann auf höchster Stufe gut durcharbeiten, anschließend auf der Arbeitsfläche zu einem glatten Teig verkneten, ihn eine Zeitlang kalt stellen, den Teig in kleinen Portionen dünn ausrollen, mit einer runden Form (Durchmesser 4–5 cm) ausstechen, auf ein Backblech legen, in den Backofen schieben
Ober-/Unterhitze 180–200 °C (vorgeheizt)
Heißluft 150–170 °C (nicht vorgeheizt)
Gas Stufe 3–4 (vorgeheizt)
Backzeit 8–10 Minuten
50–75 g gesiebten Puderzucker mit
1 Päckchen Vanillin-Zucker mischen, das erkaltete Gebäck damit bestäuben.

Baumkuchenspitzen

	Für den Teig
200 g Butter	mit einem Handrührgerät mit Rührbesen auf höchster Stufe in etwa ½ Minute geschmeidig rühren, nach und nach
200 g Zucker	
1 Päckchen Vanillin-Zucker	
2 Eier	
2 Eigelb	
3 EL Weinbrand	unterrühren, so lange rühren, bis eine gebundene Masse entstanden ist
100 g Weizenmehl	mit
50 g Speisestärke	
2 gestrichenen TL Backpulver	mischen, sieben, eßlöffelweise auf mittlerer Stufe unter den Teig rühren
50 g abgezogene, gemahlene Mandeln	unterrühren
2 Eiweiß	zu steifem Schnee schlagen, vorsichtig unter den Teig heben, den gefetteten Boden einer Kastenform (30 x 11 cm) mit Pergamentpapier auslegen, 1 gut gehäuften Eßlöffel Teig gleichmäßig mit einem Pinsel darauf streichen, die Form auf dem Rost in den Backofen schieben (Abstand zwischen Grill und Teigschicht etwa 20 cm), die Teigschicht unter dem vorgeheizten Grill hellbraun backen
Grillzeit	
Ober-/Unterhitze	etwa 2 Minuten
Gas	etwa 2 Minuten
	als zweite Schicht 1–2 Eßlöffel Teig auf die gebackene Schicht streichen, die Form wieder unter den Grill schieben, auf diese Weise zunächst die Hälfte des Teiges (6 Schichten) verarbeiten (die Einschubhöhe nach Möglichkeit so verändern, daß der Abstand von etwa 20 cm zwischen Grill und Teigschicht bestehen bleibt), das fertige Gebäck mit einem Messer vorsichtig vom Rand der Form lösen, auf einen Kuchenrost stürzen, das Papier abziehen, den restlichen Teig auf die gleiche Weise backen, die beiden Gebäckstücke erkalten lassen, jeweils der Länge nach halbieren, so daß vier Stangen entstehen, diese dann so schneiden, daß Dreiecke (Spitzen) entstehen.
	Für den Guß
300 g Zartbitterschokolade	in kleine Stücke brechen, mit
etwas Kokosfett	in einem kleinen Topf im Wasserbad zu einer geschmeidigen Masse verrühren, die Gebäckstücke hineintauchen (mit Hilfe eines Holzstäbchens), auf ein Pergamentpapier setzen (evtl. nochmals umsetzen, damit die Baumkuchenspitzen keine „Füßchen" bekommen)
etwas gesiebten Puderzucker	mit
etwas Eiweiß	verrühren, nach Belieben die Baumkuchenspitzen mit Hilfe eines Pergamentpapiertütchens verzieren.

Bärentatzen

	Für den Teig
50 g Marzipan-Rohmasse	
150 g Zucker	
2 Eier	mit einem Handrührgerät mit Rührbesen geschmeidig rühren
250 g weiche Butter	
Salz	
abgeriebene Schale von 1 Zitrone (unbehandelt)	hinzugeben, verrühren
200 g Weizenmehl	
175 g Speisestärke	
50 g Kakao	mischen, sieben, eßlöffelweise unter die Masse rühren, die Masse in einen Spritzbeutel mit mittelgroßer Sterntülle füllen, kleine Bärentatzen auf ein gefettetes, bemehltes Backblech spritzen (Tülle auf dem Blech aufsetzen, einen dicken Tupfer aufspritzen, dann spitz auslaufen lassen), das Backblech auf der mittleren Schiene in den Backofen schieben
Ober-/Unterhitze	etwa 200 °C (vorgeheizt)
Heißluft	etwa 180 °C (nicht vorgeheizt)
Gas	etwa Stufe 3 (vorgeheizt)
Backzeit	12–15 Minuten.
	Für die Füllung und für den Guß
100 g Nuß-Nougat-Masse	
150 g Zartbitter-Kuvertüre	die beiden Zutaten getrennt im Wasserbad zu einer geschmeidigen Masse verrühren, die Hälfte der erkalteten Plätzchen umdrehen, mit der Nougatmasse bestreichen, die anderen Plätzchen darauf setzen, die Bärentatzen mit der Spitze in die Kuvertüre tauchen, zum Trocknen auf Pergamentpapier oder Alufolie setzen.

Busserl

2 Eiweiß	steif schlagen, der Schnee muß so fest sein, daß ein Messerschnitt sichtbar bleibt, nach und nach
100 g feinkörnigen Zucker	unterschlagen
1 gestrichenen EL Kakao	sieben, mit
50 g Zartbitter-Schokolade (feingeschnitten)	vorsichtig unterheben mit 2 Teelöffeln walnußgroße Häufchen auf ein gefettetes Backblech setzen, in den Backofen schieben
Ober-/Unterhitze	130–150 °C (vorgeheizt)
Heißluft	110–130 °C (nicht vorgeheizt)
Gas	Stufe 1–2 (vorgeheizt)
Backzeit	25–35 Minuten.

Gewürzmürbchen

(Foto)

250 g Weizenmehl auf die Arbeitsfläche sieben, in die Mitte eine Vertiefung eindrücken
1 gut gehäuften EL Zucker
1 Päckchen Vanillin-Zucker
1 Fläschchen Rum-Aroma
1 Messerspitze gemahlenen Zimt
1 Messerspitze gemahlene Nelken
2 EL Schlagsahne
1 Eiweiß hineingeben, mit einem Teil des Mehls zu einer dicken Masse verarbeiten
150 g kalte Butter in Stücke schneiden, auf die Masse geben, mit Mehl bedecken, alle Zutaten von der Mitte aus schnell zu einem glatten Teig verkneten, den Teig knapp ½ cm dick ausrollen, mit beliebigen Formen Plätzchen ausstechen, auf ein Backblech legen
1 Eigelb
1 EL Milch verschlagen, die Teigplätzchen damit bestreichen, mit
Hagelzucker bestreuen, im vorgeheizten Backofen goldgelb backen
Ober-/Unterhitze 180–200 °C (vorgeheizt)
Heißluft 150–170 °C (nicht vorgeheizt)
Gas Stufe 3–4 (vorgeheizt)
Backzeit 10–15 Minuten.

Kameruner

Für den Teig

275 g Weizenmehl mit
25 g Kakao
1 gestrichenen TL Backpulver mischen, in eine Rührschüssel sieben
125 g Zucker
2 Eier
125 g weiche Butter oder Margarine hinzufügen, die Zutaten mit einem Handrührgerät mit Knethaken zunächst kurz auf niedrigster, dann auf höchster Stufe gut durcharbeiten, anschließend auf der Arbeitsfläche zu einem glatten Teig verkneten, sollte er kleben, ihn eine Zeitlang kalt stellen, den Teig 3–5 mm dick ausrollen, Halbmonde ausstechen, auf ein gefettetes Backblech legen, in den Backofen schieben
Ober-/Unterhitze 180–200 °C (vorgeheizt)
Heißluft 150–170 °C (nicht vorgeheizt)
Gas Stufe 3–4 (vorgeheizt)
Backzeit 8–10 Minuten.

Für den Guß

100 g Schokolade in kleine Stücke brechen, mit
20 g Kokosfett in einem kleinen Topf im Wasserbad zu einer geschmeidigen Masse verrühren, das Gebäck mit dem Guß bestreichen.

Spritzgebäck

(Foto)

Für den Teig

375 g weiche Butter mit einem Handrührgerät mit Rührbesen auf höchster Stufe in etwa 1/2 Minute geschmeidig rühren, nach und nach

200 ml Ahornsirup
Mark von 1 Vanillestange
Salz unterrühren, so lange rühren, bis eine gebundene Masse entstanden ist

500 g Weizen fein mahlen, abwechselnd mit

125 g abgezogenenen, gemahlenen Mandeln auf mittlerer Stufe unterrühren den Teig eine Zeitlang kalt stellen, ihn dann durch den Vorsatz des Fleischwolfs zu beliebigen Motiven geben, z.B. Stangen, Kränzchen, „S"-Formen, die Teigmotive auf ein gefettetes Backblech legen, das Backblech in den Backofen schieben

Ober-/Unterstufe 180–200 °C (vorgeheizt)
Heißluft 150–170 °C (nicht vorgeheizt)
Gas Stufe 3–4 (vorgeheizt)
Backzeit etwa 15 Minuten.

Schwarz-Weiß-Kränzchen

250 g Weizenmehl mit

1 gestrichenen TL Backpulver mischen, in eine Rührschüssel sieben

75 g Zucker
1 Päckchen Vanillin-Zucker
1 Ei
125 g weiche Butter oder Margarine hinzufügen, die Zutaten mit einem Handrührgerät mit Knethaken zunächst kurz auf niedrigster, dann auf höchster Stufe gut durcharbeiten, anschließend auf der Arbeitsfläche zu einem glatten Teig verkneten, unter die Hälfte des Teiges

1 gestrichenen EL Kakao
1 TL Milch kneten, die Teighälften jeweils in kleinen Portionen zu bleistiftdicken Rollen formen, in etwa 12 cm lange Stücke schneiden, jeweils ein helles und ein dunkles Stück umeinanderschlingen, als Kränzchen auf ein gefettetes Backblech legen, mit

Kondensmilch bestreichen, das Backblech in den Backofen schieben

Ober-/Unterhitze 180–200 °C (vorgeheizt)
Heißluft 150–170 °C (nicht vorgeheizt)
Gas Stufe 3–4 (vorgeheizt)
Backzeit 15–20 Minuten.

Vanille-Schokobaisers

(Foto)

Für die Vanille-Baisers

4 Eiweiß steif schlagen, es muß so fest sein, daß ein Messerschnitt sichtbar bleibt

100 g Zucker eßlöffelweise unterschlagen

2 Päckchen Vanillin-Zucker mit

125 g gesiebtem Puderzucker mischen, vorsichtig unter den Eischnee heben, die Baisermasse in einen Spritzbeutel mit mittelgroßer Sterntülle füllen, kleine Häufchen (Durchmesser etwa 3 cm) auf ein mit Backpapier belegtes Backblech spritzen, auf der mittleren Schiene in den Backofen schieben.

Für die Schoko-Baisers

4 Eiweiß steif schlagen, es muß so fest sein, daß ein Messerschnitt sichtbar bleibt

125 g Zucker mit

125 g gesiebtem Puderzucker mischen, eßlöffelweise unterschlagen, die Baisermasse in einen Spritzbeutel mit mittelgroßer Sterntülle füllen, kleine Häufchen (Durchmesser etwa 3 cm) auf ein mit Backpapier belegtes Backblech spritzen, mit

20 g gesiebtem Kakao bestäuben, auf der mittleren Schiene in den Backofen schieben, bei jedem Backvorgang die Backofentür durch einen eingeklemmten Kochlöffel leicht geöffnet halten

Ober-/Unterhitze etwa 100 °C (vorgeheizt)
Heißluft etwa 80 °C (nicht vorgeheizt)
Gas etwa Stufe 1 (vorgeheizt)
Backzeit je Backvorgang 1 ½ Stunden.

Für die Creme

aus

knapp 500 ml (½ l) Milch
1 Päckchen Vanillin-Zucker
1 Päckchen Pudding-Pulver Vanille-Geschmack nach Anleitung einen Pudding zubereiten, kalt stellen, ab und zu durchrühren

250 g Butter geschmeidig rühren, den erkalteten Pudding (Pudding und Butter müssen die gleiche Temperatur haben, damit die Masse nicht gerinnt) eßlöffelweise unter die Butter rühren

gut die Hälfte der Creme mit

3 Päckchen Vanillin-Zucker
Mark von 1 Vanilleschote
2 EL Orangenlikör verrühren, die andere Hälfte mit

100 g Nuß-Nougat-Masse
1 EL Weinbrand verrühren, die Vanillecreme in einen Spritzbeutel mit mittelgroßer Sterntülle füllen, die Hälfte der Vanille-Baisers auf der unteren Seite mit der Creme bespritzen, die andere Hälfte daraufsetzten, die Nuß-Nougat-Creme in einen Spritzbeutel mit mittelgroßer

Sterntülle füllen, die Hälfte der Schoko-Baisers auf der unteren Seite mit der Creme bespritzen, die andere Hälfte daraufsetzen.

Tip Damit die Baisers etwas mehr Pfiff bekommen

60 g dunkle Kuchenglasur nach Packungsvorschrift auflösen, die Baisers damit halbseitig bestreichen.

Walnußplätzchen

100 g Butter oder Margarine	geschmeidig rühren, nach und nach
100 g Zucker 1 Päckchen Vanillin-Zucker 4 EL Milch	hinzugeben
200 g Weizenmehl 1 gestrichenen TL Backpulver	mischen, sieben, $^2/_3$ davon eßlöffelweise unterrühren, den Rest des Mehls mit
50 g kleingeschnittener Blockschokolade 50 g gehackten Walnußkernen	verkneten, sollte der Teig kleben, ihn eine Zeitlang kalt stellen, gut haselnußgroße Kugeln formen, leicht flachdrücken, auf ein gefettetes Backblech legen, in den vorgeheizten Backofen schieben
100 g halbbittere Kuvertüre	in einem kleinen Topf im Wasserbad glattrühren, die erkalteten Plätzchen knapp zur Hälfte hineintauchen.

Haferflockenplätzchen

125 g Butter oder Margarine 125 g Zucker 1 Eigelb	mit einem Handrührgerät mit Rührbesen cremig schlagen nach und nach
250 g Blütenzarte Haferflocken 50 g abgezogene, gemahlene Mandeln 1 gestrichenen TL Backpulver abgeriebene Schale von 1 Zitrone (unbehandelt)	hinzugeben, gut verrühren
1 Eiweiß	steif schlagen, zuletzt unter den Teig heben, den Teig nicht zu dick ausrollen, Plätzchen ausstechen, auf ein gefettetes Backblech legen
1 Eigelb	verschlagen, die Plätzchen damit bestreichen, das Backblech in den Backofen schieben
Ober-/Unterhitze	180–200 °C (vorgeheizt)
Heißluft	150–170 °C (nicht vorgeheizt)
Gas	Stufe 3–4 (vorgeheizt)
Backzeit	etwa 15 Minuten.

Ingwergebäck

	Für den Teig
125 g Butter oder Margarine	geschmeidig rühren, nach und nach
200 g Zucker	
1 Päckchen Vanillin-Zucker	
2 TL gemahlenen Ingwer	
4 Eier	hinzugeben
250 g Weizenmehl	mit
1 gestrichenen TL Backpulver	mischen, sieben, eßlöffelweise mit
250 g geraspelter Schokolade	unterrühren
200 g Rosinen	verlesen, kleinschneiden, zuletzt unter den Teig heben, den Teig auf ein gefettetes Backblech streichen, in den Backofen schieben
Ober-/Unterhitze	180–200 °C (vorgeheizt)
Heißluft	150–170 °C (nicht vorgeheizt)
Gas	Stufe 3–4 (vorgeheizt)
Backzeit	20–25 Minuten
	das erkaltete Gebäck in Quadrate (4 x 4 cm) schneiden.
	Für den Guß
150 g Halbbitter-Kuvertüre	in einem kleinen Topf im Wasserbad zu einer geschmeidigen Masse verrühren, das Gebäck damit bestreichen, nach Belieben mit
Belegkirschen	garnieren.

Linzer Spritzgebäck

	Für den Teig
200 g Butter oder Margarine	geschmeidig rühren, nach und nach
100 g gesiebten Puderzucker	
2 Päckchen Vanillin-Zucker	
3 Eigelb	
1 EL Zitronensaft	unterrühren
300 g Weizenmehl	sieben, eßlöffelweise unterrühren den Teig in einen Spritzbeutel mit gezackter Tülle füllen, in verschiedenen Formen (Kränze, Stangen, S-Form, Schleifen) auf ein Backblech spritzen, in den Backofen schieben
Ober-/Unterhitze	180–200 °C (vorgeheizt)
Heißluft	150–170 °C (nicht vorgeheizt)
Gas	Stufe 3–4 (vorgeheizt)
Backzeit	8–10 Minuten.
	Für den Guß
60 g dunkle Kuchenglasur	nach der Vorschrift auf dem Beutel auflösen, die Enden der erkalteten Plätzchen damit bestreichen.

Florentiner Plätzchen

(Foto)

	Für den Teig
150 g Weizenmehl	mit
½ gestrichenen TL Backpulver	mischen, auf die Arbeitsfläche sieben, in die Mitte eine Vertiefung eindrücken
50 g Zucker **1 Päckchen Vanillin-Zucker** **1 Ei** **1 EL Wasser**	hineingeben, mit einem Teil des Mehls zu einer dicken Masse verarbeiten
75 g kalte Butter oder Margarine	in Stücke schneiden, auf den Teig geben, mit Mehl bedecken, von der Mitte aus alle Zutaten schnell zu einem glatten Teig verkneten, sollte er kleben, ihn eine Zeitlang kalt stellen den Teig etwa 3 mm dick ausrollen, runde Plätzchen (Durchmesser etwa 5 cm) ausstechen, auf eine gefettetes Backblech legen, in den Backofen schieben, hellgelb vorbacken
Ober-/Unterhitze	200–220 °C (vorgeheizt)
Heißluft	180–200 °C (nicht vorgeheizt)
Gas	Stufe 3–4 (vorgeheizt)
Backzeit	etwa 8 Minuten.
	Für den Belag
50 g Butter	mit
100 g Zucker **1 Päckchen Vanillin-Zucker** **2 EL Honig**	so lange erhitzen, bis die Masse leicht gebräunt ist
125 ml (⅛ l) Schlagsahne	hinzufügen, rühren, bis der Zucker gelöst ist
100 g abgezogene, gehobelte Mandeln **100 g in Scheiben geschnittene Haselnußkerne** **25 g in Stücke geschnittene Belegkirschen**	dazugeben, so lange unter Rühren kochen lassen, bis die Masse gebunden ist die Masse mit 2 Teelöffeln auf die vorgebackenen Plätzchen verteilen, das Backblech in den Backofen schieben
Ober-/Unterhitze	180–200 °C (vorgeheizt)
Heißluft	150–170 °C (nicht vorgeheizt)
Gas	Stufe 3–4 (vorgeheizt)
Backzeit	etwa 40 Minuten.
	Für den Guß
75 g dunkle Kuvertüre	in einem kleinen Topf im Wasserbad zu einer geschmeidigen Masse verrühren, die erkalteten Plätzchen auf der Unterseite damit bestreichen.

Spekulatius

(Foto)

500 g Mehl	mit
2 gestrichenen TL Backpulver	mischen, in eine Rührschüssel sieben
250 g Zucker **1 Päckchen Vanillin-Zucker** **2 Tropfen Backöl Bittermandel** **2 Messerspitzen gemahlenen Kardamom** **2 Messerspitzen gemahlene Nelken** **1 gestrichenen TL gemahlenen Zimt** **Salz** **2 Eier** **200 g Butter oder Margarine** **100 g abgezogene, gemahlene Mandeln oder Haselnußkerne**	hinzufügen, die Zutaten mit einem Handrührgerät mit Knethaken zunächst kurz auf niedrigster, dann auf höchster Stufe gut durcharbeiten, anschließend auf der Arbeitsfläche zu einem glatten Teig verkneten, sollte er kleben, ihn eine Zeitlang kalt stellen, den Teig dünn ausrollen, mit beliebigen Formen (vor allem Tierformen) ausstechen, auf ein Backblech legen, werden Holzmodel benutzt, den Teig in den gut bemehlten Model drücken, den überstehenden Teig abschneiden, die Spekulatiusstücke aus dem Model schlagen, das Backblech in den Backofen schieben
Ober-/Unterhitze	180–200 °C (vorgeheizt)
Heißluft	150–175 °C (nicht vorgeheizt)
Gas	Stufe 3–4 (vorgeheizt)
Backzeit	etwa 10 Minuten.

Dattelmakronen

3 Eiweiß	mit einem Handrührgerät mit Rührbesen auf höchster Stufe steif schlagen, es muß so fest sein, daß ein Messerschnitt sichtbar bleibt, nach und nach
200 g Zucker **1 Päckchen Vanillin-Zucker** **1 Fläschchen Rum-Aroma**	unterrühren
125 g entkernte Datteln	in kleine Stücke schneiden
150 g abgezogene, gehackte Mandeln	beide Zutaten auf den Eischnee geben
30 g Speisestärke	darüber sieben, vorsichtig auf niedrigster Stufe unterrühren von dem Teig mit 2 Teelöffeln Häufchen auf ein gefettetes Backblech setzen
Ober-/Unterhitze	100–110 °C (vorgeheizt)
Heißluft	80–100 °C (nicht vorgeheizt)
Gas	Stufe 1–2 (vorgeheizt)
Backzeit	50–75 Minuten.

Päckchen

	Für den Teig
2 Eier	
2 EL warmes Wasser	mit einem Handrührgerät mit Rührbesen schaumig schlagen, nach und nach
100 g Zucker	
1 Päckchen Vanillin-Zucker	hinzugeben, schlagen, bis eine cremeartige Masse entstanden ist
75 g Weizenmehl	mit
50 g Speisestärke	
1 gestrichenen TL Backpulver	mischen, darüber sieben, unter die Eiercreme ziehen (nicht rühren), den Teig knapp 1 cm dick auf ein gefettetes, mit Backpapier belegtes Backblech streichen, an der offenen Seite des Blechs das Papier zur Falte knicken, das Backblech in den Backofen schieben
Ober-/Unterhitze	200–220 °C (vorgeheizt)
Heißluft	180–200 °C (nicht vorgeheizt)
Gas	Stufe 3–4 (vorgeheizt)
Backzeit	10–15 Minuten
	den Biskuit nach dem Backen sofort auf ein mit
Zucker	bestreutes Papier stürzen, das Backpapier mit kaltem Wasser bestreichen, vorsichtig aber schnell abziehen, die Gebäckplatte sofort in Quadrate (knapp 4 x 4 cm) schneiden, erkalten lassen.
	Für die Füllung
2 EL rotes Gelee	jeweils 3 Gebäckstücke mit Gelee bestreichen, aufeinandersetzen
	Zum Einpacken
200 g Marzipan-Rohmasse	nach Belieben mit
Kakao oder Lebensmittelfarbe	verkneten, dünn ausrollen, mit
Eiweiß	besteichen, die Gebäckwürfel darin einpacken, nach Belieben die „Päckchen" mit
Puderzuckerguß	(gesiebter Puderzucker mit Eiweiß verrührt) verzieren oder mit
Liebesperlen	garnieren.

Sterntaler

	Für den Teig
250 g Weizenmehl	auf die Arbeitsfläche sieben, in die Mitte eine Vertiefung eindrücken
50 g gesiebten Puderzucker	
1 Päckchen Vanillin-Zucker	
abgeriebene Schale von ½ Zitrone (unbehandelt)	
1 EL Zitronensaft	hineingeben
175 g kalte Butter	in Stücke schneiden, darauf geben, mit Mehl bedecken, von der Mitte aus alle Zutaten schnell zu einem glatten Teig verkneten, sollte er kleben, ihn eine Zeitlang kalt stellen, den Teig etwa 3 mm dick ausrollen, Sterne ausstechen, auf ein gefettetes Backblech legen, in den Backofen schieben

Ober-/Unterhitze	180–200 °C (vorgeheizt)
Heißluft	150–170 °C (nicht vorgeheizt)
Gas	Stufe 3–4 (vorgeheizt)
Backzeit	etwa 8 Minuten.

Für den Guß

175 g Puderzucker	sieben, mit
etwa 3 EL Zitronensaft	glattrühren, so daß eine dickflüssige Masse entsteht, die erkalteten Plätzchen damit bestreichen, mit
etwa 20 g gehackten Pistazienkernen	bestreuen.

Hirtenstäbchen

Für den Teig

2 Eier	
1 EL warmes Wasser	mit einem Handrührgerät mit Rührbesen schaumig schlagen, nach und nach
125 g Zucker	
1 Päckchen Vanillin-Zucker	
etwa 1 Messerspitze gemahlenen Zimt	hinzugeben, so lange schlagen, bis eine cremeartige Masse entstanden ist
125 g Mehl	mit
½ gestrichenen TL Backpulver	mischen, sieben, nach und nach mit
100 g abgezogenen, gehackten Mandeln	
125 g Rum-Rosinen	
50 g verlesenen Korinthen	
100 g Schokoblättchen	unter die Masse rühren, den Teig knapp 1 cm dick auf ein gefettetes Backblech Streichen, vor den Teig einen streifen Backpapier legen, das Backblech in den Backofen schieben
Ober-/Unterhitze	180–200 °C (vorgeheizt)
Heißluft	150–180 °C (nicht vorgeheizt)
Gas	Stufe 3–4 (vorgeheizt)
Backzeit	10–15 Minuten.

Das Gebäck abkühlen lassen, in Stäbchen schneiden (2 x 6 cm).

Für den Guß

100 g Kuvertüre	in einem kleinen Topf im Wasserbad zu einer geschmeidigen Masse verrühren, die erkalteten Stäbchen jeweils mit einem Ende hineintauchen.

Schwarz-Weiß-Gebäck

(Foto)

Für den hellen Teig

250 g Weizenmehl mit
1 gestrichenen TL Backpulver mischen, in eine Rührschüssel sieben
150 g Zucker
1 Päckchen Vanillin-Zucker
Salz
1 Fläschchen Rum-Aroma
1 Ei
125 g weiche Margarine oder Butter hinzufügen
die Zutaten mit einem Handrührgerät mit Knethaken zunächst kurz auf niedrigster, dann auf höchster Stufe gut durcharbeiten, anschließend auf der Arbeitsfläche zu einem glatten Teig verkneten, sollte er kleben, ihn eine Zeitlang kalt stellen.

Für den dunklen Teig

15 g Kakao mit
15 g Zucker
1 EL Milch verrühren, unter die Hälfte des Teiges kneten, die beiden Teige folgendermaßen zusammensetzen.

Für ein Schneckenmuster

den hellen und den dunklen Teig zu gleichmäßig großen Rechtecken ausrollen, eines dünn mit
Eiweiß bestreichen, das zweite darauf legen, ebenfalls bestreichen, fest zusammenwickeln.

Für ein Schachbrettmuster

aus dem je 1 cm dick ausgerollten hellen Teig 6, aus dem dunklen Teig 6 je 1 cm breite Streifen von gleicher Länge schneiden, mit Eiweiß bestreichen, abwechselnd je 4 und 3 übereinanderlegen, in dünn ausgerollten Teig wickeln

Für die Schwarz-Weiß-Rollen

aus dem dunklen Teig eine 3 cm dicke Rolle formen, den hellen Teig ½ cm dick ausrollen, mit Eiweiß bestreichen, die dunkle Rolle darin einwickeln, jeweils 3 Rollen zusammensetzen
sämtliche Teigstangen eine Zeitlang kalt stellen, in gleichmäßige Scheiben schneiden, auf ein Backblech legen, in den Backofen schieben

Ober-/Unterhitze 180–200 °C (vorgeheizt)
Heißluft 150–175 °C (nicht vorgeheizt)
Gas Stufe 3–4 (vorgeheizt)
Backzeit 10–15 Minuten.

Rote Nestchen

(Foto)

	Für den Teig
275 g Mehl	auf die Arbeitsfläche sieben, in die Mitte eine Vertiefung eindrücken
150 g Zucker	
1 Päckchen Vanillin-Zucker	
2 Eigelb	
2 Tropfen Backöl Bittermandel	hineingeben, mit einem Teil des Mehls zu einer dicken Masse verarbeiten
175 g kalte Butter	in Stücke schneiden, auf die Masse geben, mit Mehl bedecken, von der Mitte aus alle Zutaten schnell zu einem glatten Teig verkneten, etwa $^{3}/_{4}$ des Teiges nicht zu dünn ausrollen, mit einer runden Form (Durchmesser etwa 4 cm) ausstechen, auf ein Backblech legen.
	Für den Belag
200 g Marzipan-Rohmasse	mit
2 Eiweiß	zu einer geschmeidigen Masse verrühren, die Masse in einen Spritzbeutel mit gezackter Tülle füllen, als Kranz auf die Teigplätzchen spritzen, in die Mitte
rote Konfitüre	geben, den restlichen Teig ausrollen, zu beliebigen Formen ausstechen, auf ein Backblech legen, mit
Kondensmilch	bestreichen, mit
abgezogenen, gehobelten Mandeln	
Zimt-Zucker	bestreuen, in den Backofen schieben
Ober-/Unterhitze	180–200 °C (vorgeheizt)
Heißluft	150–170 °C (nicht vorgeheizt)
Gas	Stufe 2–3 (vorgeheizt)
Backzeit	12–20 Minuten.

Kirschrosetten

300 g Mehl	auf die Arbeitsfläche sieben, in die Mitte eine Vertiefung eindrücken
100 g gesiebten Puderzucker	
2 Päckchen Vanillin-Zucker	
2 Eigelb	
Salz	
abgeriebene Schale von 1 Zitrone	hineingeben, mit einem Teil des Mehls zu einer dicken Masse verarbeiten
200 g kalte Butter	in Stücke schneiden, auf die Masse geben, mit Mehl bedecken, von der Mitte aus alle Zutaten schnell zu einem glatten Teig verkneten, sollte er kleben, ihn eine Zeitlang kalt stellen, den Teig etwa 3 mm dick ausrollen, mit einer rosettenartigen Form ausstechen, auf ein Backblech legen, mit
Kondensmilch	bestreichen
Belegkirschen	halbieren, jeweils eine Hälfte in die Mitte legen
Ober-/Unterhitze	180–200 °C (vorgeheizt)
Heißluft	150–180 °C (nicht vorgeheizt)
Gas	Stufe 3–4 (vorgeheizt)
Backzeit	etwa 10 Minuten.

Freudentränen

	Für den Teig
175 g Butter	mit einem Handrührgerät mit Rührbesen auf höchster Stufe in etwa ½ Minute geschmeidig rühren, nach und nach
100 g gesiebten Puderzucker **1 Päckchen Vanillin-Zucker** **1 Ei** **6 Tropfen Rum-Aroma** **2 Tropfen Backöl Bittermandel** **1 Messerspitze gemahlenem Kardamom** **1 Messerspitze gemahlene Nelken** **1 Messerspitze gemahlenen Zimt**	unterrühren, so lange rühren, bis eine gebundene Masse entstanden ist
250 g Weizenmehl	mit
30 g Kakao	mischen, sieben, ⅔ des Mehls auf mittlerer Stufe eßlöffelweise unterrühren, den Rest des Mehls mit der Teigmasse zu einem glatten Teig verkneten, sollte er kleben, ihn eine Zeitlang kalt stellen, den Teig etwa 2 mm dick ausrollen, mit einer Mutzenmandel-Ausstechform Plätzchen ausstechen, auf ein gefettetes Backblech legen, in den Backofen schieben
Ober-/Unterhitze	180–200 °C (vorgeheizt)
Heißluft	150–170 °C (nicht vorgeheizt)
Gas	Stufe 3–4 (vorgeheizt)
Backzeit	4–5 Minuten.
	Für die Füllung
200 g Nuß-Nougat-Masse	zu einer streichfähigen Masse verrühren, die Hälfte der erkalteten Plätzchen auf der Unterseite damit bestreichen, die übrigen mit der Unterseite darauf legen.
	Für den Guß
75 g Zartbitter-schokolade	in kleine Stücke brechen, mit
Kokosfett	in einem kleinen Topf im Wasserbad zu einer geschmeidigen Masse verrühren, die Freudentränen jeweils mit der Spitze hineintauchen.

Würzige Printen

200 g Sirup	mit
50 g Honig **50 g Butter oder Margarine**	langsam erwärmen, zerlassen, in eine Rührschüssel geben, kalt stellen, unter die fast erkaltete Masse mit einem Handrührgerät mit Rührbesen auf höchster Stufe
50 g gestoßenen braunen Kandiszucker (Grümmel) **50 g Rohzucker** **1 gestrichenen TL gemahlenen Zimt**	

½ gestrichenen TL gemahlene Nelken	
½ gestrichenen TL Anissamen	
je 1 Messerspitze gemahlene Muskatblüte, gemahlenen Ingwer, gemahlenen Kardamom	
30 g gehacktes Orangeat	rühren
300 g Mehl	mit
3 gestrichenen TL Backpulver	mischen, sieben, ⅔ davon auf mittlerer Stufe eßlöffelweise unterrühren, den Rest des Mehls unter die Teigmasse kneten, den Teig etwa ½ cm dick ausrollen, in Rechtecke von etwa 2½ x 7 cm schneiden, auf ein gefettetes Backblech legen, mit
Kondensmilch	bestreichen, das Backblech in den Backofen schieben
Ober-/Unterhitze	180–200 °C (vorgeheizt)
Heißluft	150–170 °C (nicht vorgeheizt)
Gas	Stufe 3–4 (vorgeheizt)
Backzeit	etwa 10 Minuten.

Nougattuffs

	Für den Teig
175 g Butter	mit einem Handrührgerät mit Rührbesen auf höchster Stufe in etwa ½ Minute geschmeidig rühren, nach und nach
150 g gesiebten Puderzucker	
1 Päckchen Vanillin-Zucker	
3 Eigelb	unterrühren, bis eine gebundene Masse entstanden ist
225 g Weizenmehl	mit
1 Messerspitze Backpulver	
1 gut gehäuften EL Kakao	mischen, sieben, eßlöffelweise unterrühren, den Teig in einen Spritzbeutel mit Sterntülle füllen Tuffs (Durchmesser etwa 2 cm) auf ein Backblech spritzen, in den Backofen schieben
Ober-/Unterhitze	180–200 °C (vorgeheizt)
Heißluft	150–170 °C (nicht vorgeheizt)
Gas	Stufe 3–4 (vorgeheizt)
Backzeit	10–12 Minuten.
	Für die Füllung
150–200 g Nuß-Nougat-Masse	in einem kleinen Topf im Wasserbad zu einer geschmeidigen Masse verrühren, die Hälfte der erkalteten Plätzchen auf der Unterseite damit bestreichen, die übrigen mit der Unterseite darauf legen.
	Zum Garnieren
25 g Kuvertüre	mit
etwas Kokosfett	in einen kleinen Topf im Wasserbad zu einer geschmeidigen Masse verrühren, mit einem Teelöffel Tupfen auf die Plätzchen setzen.

Zimtstangen

(Foto)

250 g Mehl auf die Tischplatte sieben, in die Mitte eine Vertiefung eindrücken
75 g Zucker
1 Päckchen Vanillin-Zucker
½ Fläschchen Rum-Aroma
1 gestrichenen EL gemahlenen Zimt
1 Eigelb hineingeben, mit einem Teil des Mehls zu einer dicken Masse verarbeiten
125 g kalte Butter in Stücke schneiden, auf die Masse geben, mit Mehl bedecken, von der Mitte aus alle Zutaten schnell zu einem glatten Teig verkneten, sollte er kleben, ihn eine Zeitlang kalt stellen, den Teig dünn ausrollen, Stangen von gut 2 x 6 cm schneiden, auf ein gefettetes Backblech legen
1 Eiweiß zu fast steifem Schnee schlagen, die Stangen damit bestreichen, mit
Zucker bestreuen, sollte der Eischnee nicht reichen, die Stangen mit
Kondensmilch bestreichen, mit Zucker
abgezogenen, gehobelten Mandeln bestreuen, in den Backofen schieben
Ober-/Unterhitze 180–200 °C (vorgeheizt)
Heißluft 150–170 °C (nicht vorgeheizt)
Gas Stufe 3–4 (vorgeheizt)
Backzeit etwa 10 Minuten.

Rosinenstangen

Für den Teig

275 g Mehl auf die Arbeitsfläche sieben, in die Mitte eine Vertiefung eindrücken
2 Päckchen Vanillin-Zucker
Salz
4 EL Milch hineingeben, mit einem Teil des Mehls zu einer dicken Masse verarbeiten
250 g kalte Butter in Stücke schneiden, auf die Masse geben, mit Mehl bedecken, von der Mitte aus alle Zutaten schnell zu einem glatten Teig verkneten, sollte er kleben, ihn eine Zeitlang kalt stellen.

Für die Füllung

200 g Rosinen verlesen, nach Belieben kurz in
3–4 EL Rum tränken, gut abtropfen lassen
den Teig dünn ausrollen, in Rechtecke von etwa 5 x 4 cm schneiden oder rädern, auf jedes Teigstück einige Rosinen legen, darin einwickeln, die Rosinenstangen auf ein Backblech legen, in den Backofen schieben
Ober-/Unterhitze 180–200 °C (vorgeheizt)
Heißluft 150–170 °C (nicht vorgeheizt)
Gas Stufe 3–4 (vorgeheizt)
Backzeit etwa 15 Minuten
nach Belieben das erkaltete Gebäck mit
Puderzucker bestäuben oder mit
Schokoladenguß bestreichen.

Schokoladenküchlein

(Foto)

3 Eiweiß	steif schlagen, eßlöffelweise
250 g feinkörnigen Zucker	
1 Päckchen Vanillin-Zucker	darunter schlagen
125 g geraspelte Zartbitterschokolade	mit
250 g abgezogenen, gehackten Mandeln	mischen, vorsichtig unter den Eischnee heben (nicht rühren) den Teig in Häufchen auf ein gefettetes Backblech setzen
Ober-/Unterhitze	130–150 °C (vorgeheizt)
Heißluft	110–130 °C (nicht vorgeheizt)
Gas	Stufe 1–2 (nicht vorgeheizt)
Backzeit	etwa 25 Minuten.

Bunte Plätzchen

Für den Teig

500 g Weizenmehl	in eine Rührschüssel sieben
200 g Zucker	
1 Päckchen Vanillin-Zucker	
2 Eier	
1 Beutel Citro-back	
1 Beutel Rum-back	
1 Messerspitze gemahlenen Zimt	
250 g weiche Butter oder Margarine	hinzufügen die Zutaten mit einem Handrührgerät mit Knethaken zunächst kurz auf niedrigster, dann auf höchster Stufe gut durcharbeiten, anschließend auf der Arbeitsfläche zu einem glatten Teig verkneten, sollte er kleben, ihn eine Zeitlang kalt stellen, den Teig dünn ausrollen, mit beliebigen Formen Plätzchen ausstechen, auf ein gefettetes Backblech legen, in den Backofen schieben
Ober-/Unterhitze	180–200 °C (vorgeheizt)
Heißluft	150–170 °C (nicht vorgeheizt)
Gas	Stufe 3–4 (vorgeheizt)
Backzeit	8–10 Minuten.

Für den Guß

etwa 300 g gesiebten Puderzucker	mit
etwas Wasser	zu einer dickflüssigen Masse verrühren, einen Teil mit
Lebensmittelfarbe	verrühren, die erkalteten Plätzchen damit verzieren, mit
Plätzchenschmuck	garnieren.

Bunte Sterne

	Für den Teig
250 g Weizenmehl	mit
1 Messerspitze Backpulver	mischen, auf die Arbeitsfläche sieben, in die Mitte eine Vertiefung eindrücken
100 g Zucker	
1 Päckchen Vanillin-Zucker	
1 Messerspitze gemahlenen Zimt	
1 Messerspitze gemahlenen Kardamom	
1 Messerspitze gemahlene Nelken	
1 Messerspitze gemahlene Muskatblüte	
1 Ei	hineingeben, mit einem Teil des Mehls zu einer dicken Masse verarbeiten
125 g kalte Butter	in Stücke schneiden, auf die Masse geben, mit Mehl bedecken, von der Mitte aus alle Zutaten schnell zu einem glatten Teig verkneten, sollte er kleben, ihn eine Zeitlang kalt stellen den Teig dünn ausrollen, Sterne in zwei Größen (die gleiche Anzahl von jeder Größe) ausstechen, auf ein gefettetes Backblech legen
Ober-/Unterhitze	180–200 °C (vorgeheizt)
Heißluft	150–170 °C (nicht vorgeheizt)
Gas	Stufe 3–4 (vorgeheizt)
Backzeit	8–10 Minuten.
	Für den Guß
100 g Kuvertüre dunkel	in einem kleinen Topf im Wasserbad zu einer geschmeidigen Masse verrühren, die großen Sterne damit bestreichen, die kleinen so darauf legen, daß die braunen Spitzen der unteren Sterne zu sehen sind, diese mit
bunten Zuckerstreuseln	bestreuen.

Engadiner Mandelscheiben

250 g Weizenmehl	mit
1 Päckchen Pudding-Pulver Schokolade	
1 gestrichenen TL Kakao	mischen, auf die Arbeitsfläche sieben, in die Mitte eine Vertiefung eindrücken
125 g Puderzucker	
1 Päckchen Vanillin-Zucker	
Salz	hineingeben
250 g kalte Butter	in Stücke schneiden, darauf geben, mit Mehl bedecken, von der Mitte aus alle Zutaten schnell zu einem glatten Teig verkneten

100 g abgezogene, halbierte Mandeln	unterkneten, den Teig eine Zeitlang kalt stellen
	den Teig zu 3–4 cm dicken Rollen formen, so lange kalt stellen, bis sie hart geworden sind, mit einem scharfen Messer in ½ cm dicke Scheiben schneiden, auf ein gefettetes Backblech legen, in den vorgeheizten Backofen schieben
Ober-/Unterhitze	180–200 °C (vorgeheizt)
Heißluft	150–170 °C (nicht vorgeheizt)
Gas	Stufe 3–4 (vorgeheizt)
Backzeit	etwa 15 Minuten.

Johannistaler

	Für den Teig
250 g Mehl	mit
2 gestrichenen TL Backpulver	mischen, in eine Rührschüssel sieben
100 g Zucker	
1 Päckchen Vanillin-Zucker	
1 Ei	
125 g Butter	hinzufügen
	die Zutaten mit einem Handrührgerät mit Knethaken zunächst kurz auf niedrigster, dann auf höchster Stufe gut durcharbeiten, anschließend auf der Arbeitsfläche zu einem glatten Teig verkneten, sollte er kleben, ihn eine Zeitlang kalt stellen
	den Teig dünn ausrollen, mit einer runden Form (Durchmesser etwa 5 cm) Plätzchen ausstechen, die Hälfte davon nochmals ausstechen (Durchmesser 2 cm), so daß Ringe entstehen
	Plätzchen und Ringe auf ein Backblech legen, in den Backofen schieben
Ober-/Unterhitze	180–200 °C (vorgeheizt)
Heißluft	150–170 °C (nicht vorgeheizt)
Gas	Stufe 3–4 (vorgeheizt)
Backzeit	6–8 Minuten
	das Gebäck erkalten lassen.
	Für den hellen Guß
200 g gesiebten Puderzucker	mit
1 EL Rum	
2–3 EL Wasser	zu einer dickflüssigen Masse verrühren.
	Für den dunklen Guß
100 g Puderzucker	mit
etwa 1 EL Kakao	sieben, mit
etwa 1 EL Wasser oder Weinbrand	zu einer dickflüssigen Masse verrühren, in ein Pergamentpapiertütchen füllen, vor dem Zusammensetzen jeweils
	1 Ringplätzchen mit hellem Guß bestreichen, sofort mit dem braunen Guß einen Ring darauf spritzen, mit einem nassen Messer mehrere Male vom Rand aus zur Mitte (nach Belieben auch entgegengesetzt) leicht durch den Guß ziehen, jeweils 1 Plätzchen auf der Unterseite mit
roten Johannisbeergelee	bestreichen, den Ring darauf legen.

Honigplätzchen

(Foto)

	Für den Teig
125 g Honig	mit
200 g Zucker	
4 EL Milch	
100 g Butter	langsam erwärmen, zerlassen, in eine Rührschüssel geben, kalt stellen, unter die fast erkaltete Masse mit einem Handrührgerät mit Rührbesen auf höchster Stufe
1 Päckchen Vanillin-Zucker	
3 Tropfen Backöl Bittermandel	
1 gestrichenen TL gemahlenen Zimt	rühren
400 g Weizenmehl	mit
20 g Kakao	
100 g Speisestärke	
1 Päckchen Backpulver	mischen, sieben, 2/3 davon eßlöffelweise auf mittlerer Stufe unterrühren, den Teigbrei mit dem Rest des Mehls
75 g abgezogenen, gehackten Mandeln	auf der Arbeitsfläche zu einem glatten Teig verkneten, sollte er kleben, ihn eine Zeitlang kalt stellen, den Teig etwa 1/2 cm dick ausrollen, mit einer runden Form (Durchmesser etwa 8 cm) ausstechen, auf ein gefettetes Backblech legen.
	Zum Bestreichen
1 schwach gehäuften TL Speisestärke	mit
6 EL kaltem Wasser	anrühren, zum Kochen bringen, kurz aufkochen, abkühlen lassen, die Plätzchen dünn damit bestreichen
100–125 g Mandeln	abziehen, halbieren, die Plätzchen damit garnieren, in den Backofen schieben
Ober-/Unterhitze	180–200 °C (vorgeheizt)
Heißluft	150–170 °C (nicht vorgeheizt)
Gas	Stufe 2–3 (vorgeheizt)
Backzeit	etwa 20 Minuten.

Marzipan-Zucker-Plätzchen

(Foto)	
	Für den Teig
200 g Marzipan-Rohmasse	mit
125 g weicher Butter	mit einem Handrührgerät mit Rührbesen auf höchster Stufe in etwa ½ Minute geschmeidig rühren, nach und nach
75 g Zucker **1 Päckchen Vanillin-Zucker** **3 Tropfen Backöl Zitrone**	unterrühren, so lange rühren, bis eine gebundene Masse entstanden ist
1 Ei	in etwa ½ Minute unterrühren
250 g Weizenmehl	mit
125 g Speisestärke **1 gestrichenen TL Backpulver**	mischen, sieben, eßlöffelweise auf mittlerer Stufe unterrühren, sollte er kleben, ihn eine Zeitlang kalt stellen, den Teig dünn ausrollen, mit beliebigen Formen ausstechen, auf ein gefettetes Backblech legen, mit
Milch	bestreichen.
	Zum Bestreuen
125 g Zucker	mit
1 gestrichenen TL gemahlenen Zimt	mischen, die Teigplätzchen damit bestreuen, in den Backofen schieben
Ober-/Unterhitze	180–200 °C (vorgeheizt)
Heißluft	150–170 °C (nicht vorgeheizt)
Gas	Stufe 3–4 (vorgeheizt)
Backzeit	8–10 Minuten.

Orangenmakronen

3 Eiweiß	mit
200 g Zucker **1 Päckchen Vanillin-Zucker**	in eine Schüssel geben, über Wasserdampf mit einem Handrührgerät mit Rührbesen auf höchster Stufe steif schlagen
abgeriebene Schale von 1 Orange (unbehandelt) **3 EL Orangensaft**	hinzufügen, weiterschlagen, die Masse muß so fest sein, daß ein Messerschnitt sichtbar bleibt die Schüssel aus dem Wasserdampf nehmen
200 g abgezogene, gehobelte Mandeln **50 g Semmelbrösel**	vorsichtig unter den Eischnee heben (nicht rühren) den Teig mit 2 Teelöffeln in Häufchen auf ein gefettetes Backblech setzen
Ober-/Unterhitze	130–150 °C (vorgeheizt)
Heißluft	110–130 °C (nicht vorgeheizt)
Gas	Stufe 1–2 (nicht vorgeheizt)
Backzeit	etwa 30 Minuten.

Mandelspekulatius

250 g Weizenmehl mit
1 Messerspitze Backpulver mischen, auf die Arbeitsfläche sieben, in die Mitte eine Vertiefung eindrücken
125 g Zucker
1 Päckchen Vanillin-Zucker
½ Fläschchen Rum-Aroma
1 gut gehäuften TL gemahlenen Zimt
½ gestrichenen TL gemahlene Nelken
½ gestrichenen TL gemahlenen Kardamom
1 Messerspitze gemahlene Muskatblüte
1 Ei hineingeben, mit einem Teil des Mehls zu einer dicken Masse verarbeiten
75 g kalte Butter in Stücke schneiden, auf die Masse geben, mit
75 g abgezogenen, gemahlenen Mandeln bedecken, von der Mitte aus alle Zutaten schnell zu einem glatten Teig verkneten, sollte er kleben, ihn eine Zeitlang kalt stellen
die Arbeitsfläche dicht mit
etwa 50 g abgezogenen, gehobelten Mandeln bestreuen, den Teig dünn darauf ausrollen, mit beliebigen Formen (vor allem Tierformen) ausstechen, auf ein gefettetes Backblech legen, in den Backofen schieben
Ober-/Unterhitze 180–200 °C (vorgeheizt)
Heißluft 150–170 °C (nicht vorgeheizt)
Gas Stufe 3–4 (vorgeheizt)
Backzeit etwa 10 Minuten.

Zuckeraugen

175 g Butter mit einem elektrischen Handrührgerät mit Rührbesen auf höchster Stufe in etwa ½ Minute geschmeidig rühren, nach und nach
125 g Zucker
1 Päckchen Vanillin-Zucker
½ Fläschchen Rum-Aroma unterrühren, so lange rühren, bis eine gebundene Masse entstanden ist
250 g Weizenmehl mit
2 gestrichenen TL Backpulver mischen, sieben, zu ²/₃ eßlöffelweise auf mittlerer Stufe unterrühren, den Rest des Mehls unterkneten, aus dem Teig kirschgroße Kugeln formen, bis zur Hälfte in
etwa 75 g Hagelzucker drücken, mit der ungezuckerten Teighälfte nicht zu dicht nebeneinander auf ein Backblech legen, mit
etwa 50 g roten

und grünen kandierten Kirschen (in kleine Stücke geschnitten) garnieren, die Form auf dem Rost in den Backofen schieben
Ober-/Unterhitze 180–200 °C (vorgeheizt)
Heißluft 150–170 °C (nicht vorgeheizt)
Gas Stufe 3–4 (vorgeheizt)
Backzeit 10–15 Minuten.

Tele-Happen

Für den Teig
200 g Honig mit
100 g Butter oder Margarine
125 g Zucker langsam erwärmen, zerlassen, in eine Rührschüssel geben, erkalten lassen, unter die fast erkaltete Masse mit einem Handrührgerät mit Rührbesen auf höchster Stufe
2 Eier
20 g Kakao
½ TL gemahlenen Zimt
½ TL gemahlene Nelken
1 gestrichenen TL gemahlenen Ingwer
2 Tropfen Backöl Bittermandel rühren
375 g Weizenmehl mit
1 Päckchen Backpulver mischen, sieben, eßlöffelweise auf mittlerer Stufe unter den Teig rühren
60 g kandierten Ingwer in kleine Stücke schneiden
50 g Zartbitter-Schokolade fein hacken
50 g Korinthen verlesen, alle Zutaten unterheben, den Teig etwa ½ cm dick auf ein gefettetes Backblech streichen, in den vorgeheizten Backofen schieben
Ober-/Unterhitze 180–200 °C (vorgeheizt)
Heißluft 150–170 °C (nicht vorgeheizt)
Gas Stufe 3–4 (vorgeheizt)
Backzeit 25–30 Minuten
das erkaltete Gebäck in Streifen, Rechtecke oder Dreiecke schneiden.

Für den Guß
200 g Puderzucker sieben, mit
2–3 gestrichenen EL Kakao
3–4 EL heißem Wasser glattrühren, so daß eine dickflüssige Masse entsteht, die Happen damit bestreichen, nach Belieben garnieren.

Vanilleplätzchen

Für den Teig

250 g Weizenmehl mit
1 gestrichenen TL Backpulver mischen, auf die Arbeitsfläche sieben, in die Mitte eine Vertiefung eindrücken
75 g Zucker
2 Päckchen Vanillin-Zucker
1 Ei hineingeben, mit einem Teil des Mehls zu einer dicken Masse verarbeiten
125 g kalte Butter in Stücke schneiden, auf die Masse geben, mit Mehl bedecken, von der Mitte aus alle Zutaten schnell zu einem glatten Teig verkneten, sollte der Teig kleben, ihn eine Zeitlang kalt stellen, den Teig dünn ausrollen, mit einer runden Form (Durchmesser etwa 4 cm) ausstechen, auf ein gefettetes Backblech legen, in den Backofen schieben
Ober-/Unterhitze 180–200 °C (vorgeheizt)
Heißluft 150–170 °C (nicht vorgeheizt)
Gas Stufe 3–4 (vorgeheizt)
Backzeit 8–10 Minuten.

Für den Guß

etwas Kuvertüre in einem kleinen Topf im Wasserbad bei schwacher Hitze zu einer geschmeidigen Masse verrühren, die erkalteten Plätzchen auf Pergamentpapier legen, mit einem Teelöffel unregelmäßig mit der Kuvertüre besprenkeln.

Streuselplätzchen

(Foto)

Für den Teig

250 g Mehl
1 gestrichenen TL Backpulver in eine Rührschüssel sieben
100 g Zucker
1 Päckchen Vanillin-Zucker
Salz
175 g Butter
75 g abgezogene, gemahlene Mandeln hinzufügen, die Zutaten mit einem Handrührgerät mit Knethaken gut durcharbeiten, den Teig etwa 2 mm dick ausrollen, mit einer runden Form (Durchmesser etwa 6 cm) ausstechen, auf ein Backblech legen.

Für die Streusel

250 g Mehl in eine Rührschüssel sieben
125 g Zucker
1 Päckchen Vanillin-Zucker
1 Messerspitze gemahlenen Zimt
125 g Butter hinzufügen, die Zutaten mit dem Handrührgerät mit Knethaken zu Streuseln von gewünschter Größe verarbeiten, gleichmäßig auf die Teigplätzchen verteilen, mit
kandierten Kirschen belegen
Ober-/Unterhitze 180-200 °C (vorgeheizt)
Heißluft 160-180 °C (nicht vorgeheizt)
Gas Stufe 3–4 (vorgeheizt)
Backzeit etwa 15 Minuten.

Dänische Weihnachtsplätzchen

250 g Butter 200 g flüssigen Honig 120 g Rübenkraut	in einem hohen Topf auf der Kochstelle mit einem Handrührgerät mit Rührbesen auf höchster Stufe verrühren, zum Kochen bringen, in eine Rührschüssel umfüllen, kalt stellen, unter die fast erkaltete Masse nach und nach
100 g abgezogene, feingehackte Mandeln 75 g feingehacktes Zitronat ½ TL gemahlene Nelken 1 EL gemahlenen Zimt ½ TL Ingwerpulver 500 g Weizenvollkornmehl	rühren, wenn der Teig zu fest wird, Knethaken verwenden
5 g Pottasche	in
1 EL warmem Wasser	auflösen, hinzufügen, gut verkneten, auf der Arbeitsfläche zu einem glatten Teig verkneten, aus dem Teig 2 ½ cm dicke Rollen formen, so lange kalt stellen, bis sie hart geworden sind, die Rollen in etwa ½ cm dicke Scheiben schneiden, auf ein mit Backtrennpapaier belegtes Backblech legen, mit
Milch	bestreichen
50 g Mandeln	abziehen und halbieren auf jedes Plätzchen je eine halbierte Mandel legen, das Blech in den Backofen schieben
Ober-/Unterhitze	180–200 °C (vorgeheizt)
Heißluft	150–170 °C (nicht vorgeheizt)
Gas	etwa Stufe 3 (vorgeheizt)
Backzeit	10–15 Minuten.

Gefüllte Ingwerplätzchen

	Für den Teig
250 g Mehl	mit
½ gestrichenen TL Backpulver	mischen, auf die Arbeitsfläche sieben, in die Mitte eine Vertiefung eindrücken
75 g Zucker 1 Päckchen Vanillin-Zucker 75 g abgezogene, gemahlene Mandeln oder gemahlene Haselnußkerne 3 gestrichene EL gewürfelte Ingwerfrüchte 1 ½ gestrichenen TL gemahlenen Ingwer ½ gestrichener TL gemahlenen Zimt 1 gestrichenen TL Kakao 1 Ei	hineingeben, mit einem Teil des Mehls zu einer dicken Masse verarbeiten

125 g kalte Butter in Stücke schneiden, auf die Masse geben, mit Mehl bedecken, von der Mitte aus alle Zutaten schnell zu einem glatten Teig verkneten, sollte er kleben, ihn eine Zeitlang kalt stellen, den Teig dünn ausrollen, mit einer runden Form Plätzchen ausstechen, auf ein gefettetes Backblech legen, in den Backofen schieben

Ober-/Unterhitze 180–200 °C (vorgeheizt)
Heißluft 150–170 °C (nicht vorgeheizt)
Gas Stufe 3–4 (vorgeheizt)
Backzeit etwa 5 Minuten

die Hälfte der erkalteten Plätzchen auf der Unterseite dünn mit

2 EL bitterer Orangen-marmelade (durch ein Sieb gestrichen) bestreichen, die übrigen mit der Unterseite darauf setzen.

Für den Guß

100 g Puderzucker sieben, mit
1-2 EL Ingwersirup
1–2 EL Wasser verrühren, so daß ein dickflüssiger Guß entsteht, die Oberfläche der Plätzchen damit bestreichen, mit
Ingwerfruchtstückchen garnieren.

Kulleraugen

250 g Mehl mit
1 gestrichenen TL Backpulver mischen, auf die Arbeitsfläche sieben, in die Mitte eine Vertiefung eindrücken
100 g Zucker
1 Päckchen Vanillin-Zucker
Salz
3 Eigelb hineingeben, mit einem Teil des Mehls zu einer dicken Masse verarbeiten
150 g kalte Butter in Stücke schneiden, auf die Masse geben, mit Mehl bedecken, von der Mitte aus alle Zutaten schnell zu einem glatten Teig verkneten, sollte er kleben, ihn eine Zeitlang kalt stellen, aus dem Teig daumendicke Rollen formen, in so große Stücke schneiden, daß sich daraus knapp walnußgroße Kugeln formen lassen, jede Kugel zuerst mit der oberen Seite in
etwas Eiweiß tauchen, dann in
etwa 50 g abgezogene, gehackte Mandeln drücken, mit der Teigseite auf ein Backblech legen, mit einem Holzlöffelstiel in jede Kugel eine Vertiefung drücken, mit
etwas rotem Gelee füllen, in den Backofen schieben

Ober-/Unterhitze 180–200 °C (vorgeheizt)
Heißluft 150–170 °C (nicht vorgeheizt)
Gas Stufe 3–4 (vorgeheizt)
Backzeit etwa 15 Minuten.

Nürnberger Lebkuchen

(Foto)

	Für den Teig
2 kleine Eier	
125 g Zucker	mit einem Handrührgerät mit Rührbesen schaumig schlagen, nach und nach
1 Prise geriebene Muskatnuß	
½ TL gemahlene Nelken	
½ TL gemahlenen Zimt	
2 Tropfen Backöl Bittermandel	
einige Tropfen Rum-Aroma	
einige Tropfen Backöl Zitrone	unterrühren
125 g abgezogene, gemahlene Mandeln	
125 g feingewürfeltes Zitronat	unter die Eiermasse rühren, den Teig fingerdick auf
Oblaten (Durchmesser 6 cm)	verstreichen oder als flache Häufchen auf ein gefettetes Backblech setzen, in den Backofen schieben
Ober-/Unterhitze	etwa 180 °C (vorgeheizt)
Heißluft	etwa 160 °C (nicht vorgeheizt)
Gas	etwa Stufe 3 (vorgeheizt)
Backzeit	etwa 20 Minuten.
	Für den Guß
150 g gesiebten Puderzucker	mit
2–3 EL heißem Wasser	zu einer dickflüssigen Masse verrühren, die noch warmen Lebkuchen damit bestreichen, mit
buntem Zucker	bestreuen.

Butterplätzchen

250 g Butter	zerlassen, kalt stellen in die erkaltete, wieder etwas festgewordene Butter nach und nach eßlöffelweise
175 g Zucker	
2 Päckchen Vanillin-Zucker	geben, so lange rühren, bis Butter und Zucker weißschaumig geworden sind, dann
300 g Weizenmehl	sieben, ⅔ davon eßlöffelweise unterrühren, wenn der Teig fester wird,
1 EL Milch	hinzufügen den Rest des Mehls mit der Masse zu einem glatten Teig verkneten sollte der Teig kleben, ihn eine Zeitlang kalt stellen, den Teig in kleinen Mengen dünn ausrollen, mit kleinen beliebigen Formen ausstechen, auf ein Backblech legen, in den vorgeheizten Backofen schieben
Ober-/Unterhitze	180–200 °C (vorgeheizt)
Heißluft	150–170 °C (nicht vorgeheizt)
Gas	Stufe 3–4 (vorgeheizt)
Backzeit	etwa 10 Minuten.

Mandel-Nuß-Pralinen mit Pernod

100 g abgezogene, gemahlene Mandeln	mit
100 g gemahlenen Walnußkernen	
200 g Marzipan-Rohmasse	
100 g gesiebtem Puderzucker	
30 g gesiebtem Kakao	
50 ml Pernod	zu einem glatten Teig verkneten den Teig in 4 gleiche Portionen teilen, aus jeder Portion eine Rolle von etwa 15 cm Länge formen jede Rolle in 10 gleichgroße Stücke schneiden, daraus Ovale formen, auf ein mit Backpapier belegtes Backblech oder Tablett legen, etwas flachdrücken, kühl stellen
100 g Halbbitter-Kuvertüre	
etwas Kokosfett	in einem kleinen Topf im Wasserbad zu einer geschmeidigen Masse verrühren, mit einer Gabel leicht in die Pralinen stechen, sie bis zum Rand in die Kuvertüre tauchen, am Rand des Gefäßes etwas abstreifen, auf Pergamentpapier setzten
100 g Pecanuß- oder Walnußkerne	mit der Unterseite in die Kuvertüre tauchen, auf die Oberseite jeder Praline 1 Kern leicht andrücken.

Kirschpralinen

10 rote kandierte Kirschen	fein hacken, mit
200 abgezogenen, gemahlenen Mandeln	
100 g Zucker	
2–3 EL Kirschwasser	
2 EL Wasser	zu einer streichfähigen Masse verrühren
100 g Nuß-Nougat-Masse	in einem kleinen Topf im heißen Wasserbad zu einer geschmeidigen Masse verrühren
2 EL Kirschwasser	hinzufügen während des Abkühlens ab und zu durchrühren, bis die Masse fast dick ist, durchkneten, auf
gesiebtem Puderzucker	ausrollen, die Mandelmasse vorsichtig auf der Nougatmasse verteilen, glattdrücken, mit einer kleinen Form Pralinen ausstechen, 12–24 Stunden an einem kühlen Ort stehenlassen.

Butterkonfekt

150 g Butter	mit einem Handrührgerät mit Rührbesen geschmeidig rühren
100 g Puderzucker	sieben, mit
1 Päckchen Vanillin-Zucker	nach und nach unterrühren
2 Eigelb	unterrühren
200 g Zartbitter-Schokolade	in kleine Stücke brechen, in einem kleinen Topf im heißen Wasserbad zu einer geschmeidigen Masse verrühren, unter die Eigelbcreme rühren, kalt stellen, aus der festgewordenen Masse teelöffelweise nußgroße Mengen abstechen, nochmals kalt stellen, in
Schokoladenstreuseln oder Kakao	wälzen, mit den Händen leicht rund oder länglich formen, das Butterkonfekt in Cellophantüten verpacken oder in gut schließende Glas- oder Porzellangefäße geben, kühl aufbewahren.

Erdbeer-Konfekt

Etwa 500 g Erdbeeren mit Stiel	vorsichtig waschen, trockentupfen
100 g Zarbitter-Schokolade	mit
etwas Kokosfett	in einem kleinen Topf im Wasserbad geschmeidig rühren die Erdbeeren zur Hälfte hineintauchen, zum Trocknen auf Pergamentpapier setzen.

Marzipan-Nougat-Rollen

200 g Marzipan-Rohmasse	nach und nach mit etwas von
100 g gesiebtem Puderzucker	verkneten
2 TL Aprikosenlikör	hinzufügen, gut durchkneten, die Arbeitsfläche mit dem restlichen Puderzucker bestäuben, das Marzipan 2–3 mm dick darauf ausrollen
100 g Nuß-Nougat-Masse	in einem kleinen Topf im Wasserbad zu einer geschmeidigen Masse verrühren, gleichmäßig auf der Marzipanplatte verstreichen, fest zusammenrollen, in Cellophan oder Pergamentpapier wickeln, im Kühlschrank gut durchkühlen lassen, die Rolle in etwa 1 ½ cm dicke Scheiben schneiden, in Papier-Pralinen-Förmchen setzen.
Hinweis	Die Pralinen sind mindestens 14 Tage haltbar.

Kokoshäufchen

(Foto)

50 g Butter oder Margarine	mit einem elektrischen Handrührgerät mit Rührbesen auf höchster Stufe in etwa ½ Minute geschmeidig rühren, nach und nach
125 g Zucker **1 Päckchen Vanillin-Zucker** **1 Ei** **½ Fläschchen Rum-Aroma** **3 Tropfen Backöl Bittermandel**	unterrühren, so lange rühren, bis eine gebundene Masse entstanden ist
125 g Weizenmehl	mit
2 gestrichenen TL Backpulver	mischen, sieben, eßlöffelweise auf mittlerer Stufe unterrühren
etwa 1 EL Milch	unterrühren
250 g Kokosraspel	zuletzt unter den Teig heben mit 2 Teelöffeln Teighäubchen auf ein gefettetes Backblech setzen, in den Backofen schieben
Ober-/Unterhitze	180–200 °C (vorgeheizt)
Heißluft	150–170 °C (nicht vorgeheizt)
Gas	Stufe 3–4 (vorgeheizt)
Backzeit	10–12 Minuten.

Schokoladen-Marzipan-Pralinen

	Für die Masse
200 g Marzipan Rohmasse	mit
1 gehäuften EL gesiebtem Puderzucker	verkneten
40 g Zartbitter-Kuvertüre	in einem kleinen Topf im Wasserbad bei schwacher Hitze zu einer geschmeidigen Masse verrühren, mit
2 EL Weinbrand	unter die Marzipanmasse rühren, die Masse auf einer mit
Puderzucker	bestäubten Tischplatte etwa 1 cm dick ausrollen, beliebige Formen ausstechen oder aus der Masse kleine Kugeln formen.
	Zum Garnieren
75–100 g Vollmilch-Kuvertüre **75–100 g Zartbitter-Kuvertüre**	getrennt in einem kleinen Topf im Wasserbad bei schwacher Hitze zu einer geschmeidigen Masse verrühren die Hälfte der Pralinen mit Vollmilch, die andere Hälfte mit Zartbitter-Kuvertüre überziehen, mit
Schokoladenstreusel oder Liebesperlen	bestreuen.

Pfefferminztaler

(Foto)

500 g Puderzucker	sieben (etwas davon zurücklassen), mit
1 Eiweiß	
3 TL Zitronensaft	
½ TL Pfefferminzöl	in einer Schüssel so lange gut verkneten, bis eine ziemlich feste, aber geschmeidige Masse entstanden ist, die Arbeitsfläche mit dem zurückgelassenen Puderzucker bestreuen und die Masse etwa ½ cm dick ausrollen, mit einer runden Form (Durchmesser etwa 3 cm) Taler ausstechen, den restlichen Teig wieder zusammendrücken, ausrollen, wieder Taler ausstechen
200 g Halbbitter-Kuvertüre	in einem kleinen Topf im Wasserbad zu einer geschmeidigen Masse verrühren, die Taler mit einer Gabel in die Kuvertüre tauchen, Taler am Rand des Gefäßes erst abklopfen, dann abstreifen, damit der Guß nicht zu dick wird, die Taler auf Pergamentpapier oder Alufolie absetzten, um ein Streifenmuster zu erzielen, nach jedem 4. oder 5. Überziehvorgang mit der Kuvertüre die Gabel auf die Oberfäche der Pfefferminztaler drücken, nach oben wegziehen.

Nougat-Pistazien-Tuffs

150 g Nuß-Nougat-Masse	
100 g Vollmilch-Schokolade	zerkleinern, mit
200 ml Schlagsahne	
50 g Kokosfett	unter Rühren erhitzen, bis eine glatte Masse entstanden ist, kalt stellen, während des Erkaltens ab und zu durchrühren, die erkaltete Masse in einen Spritzbeutel mit gezackter Tülle füllen, in Papier-Pralinen-Förmchen spritzen, mit
Pistazienkernen	garnieren, die Pralinen, in Alufolie oder Cellophan verpackt, kühl aufbewahren.

Ananas-Krokant-Pralinen

	Für die Masse
200 g Vollmilch-Kuvertüre	in einem kleinen Topf im Wasserbad bei schwacher Hitze zu einer geschmeidigen Masse verrühren, mit
200 g Krokant	verrühren, mit 2 Teelöffeln kleine Häufchen auf Backpapier setzen, mit
60 g kandierten Ananasstückchen	garnieren, diese nach Belieben vorher in
30 g geschmolzene Zartbitter-Kuvertüre	tauchen.

Mokka-Marzipan-Pralinen, Orangenpralinen und Mokka-Mandel-Pralinen

75 ml Schlagsahne zum Kochen bringen, von der Kochplatte nehmen
2 -3 TL Instant-Kaffee unterrühren
250 g Kuvertüre in kleine Stücke schneiden, unter Rühren in der Sahne auflösen
2–3 TL gesiebten Puderzucker unterrühren, die Masse erkalten lassen, zuletzt noch für 8–12 Minuten in den Kühlschrank stellen, die Masse muß noch streich- und spritzfähig sein.

Für die Mokka-Marzpipan-Pralinen

100 g Marzipan-Rohmasse mit
2 EL gesiebtem Puderzucker verkneten
die Arbeitsfäche mit
gesiebtem Puderzucker bestäuben, das Marzipan darauf 3–4 mm dick ausrollen, mit runden Förmchen mit gewelltem Rand daraus 10 Taler (Durchmesser 3 cm) und 10 Taler (Durchmesser 1 cm) ausstechen die großen Taler in 10 Papier-Pralinen-Förmchen setzen
⅓ der Schokoladenmasse in einen Spritzbeutel mit Rosentülle füllen, eine Rosette auf die Marzipantaler in den Förmchen spritzen, die kleine Taler halbieren, die Pralinen damit oder mit
kandierten Veilchen garnieren.

Für die Orangenpralinen

10 Papier-Pralinen-Förmchen nebeneinanderstellen, ⅓ der Schokoladenmasse in einen Spritzbeutel mit Lochtülle füllen, erst einen Boden, dann mehrere Ringe übereinander spritzen, so daß ein Rand entsteht
2 kandierte Kumquats oder andere kandierte Früchte in feine Scheiben schneiden, die Pralinen damit füllen.

Für die Mokka-Mandel-Pralinen

ein Backblech mit Alufolie belegen, den Rest der Schokoladenmasse in einen Spritzbeutel mit großer Rosentülle füllen, Rosetten auf das Blech spritzen, mit
abgezogenen, gestiftelten Mandeln garnieren.

Rumkirschen, Mandelstangen und Canache-Tüten

75 ml Schlagsahne in einen Topf geben, zum Kochen bringen, den Topf von der Kochstelle nehmen
250 g Kuvertüre in kleine Stücke schneiden, unter Rühren in der Sahne schmelzen lassen
2 EL Rum
2 EL gesiebten Puderzucker unterrühren, die Masse abkühlen lassen, anschließend noch für 8–12 Minuten in den Kühlschrank stellen (nicht länger, die Masse muß noch streich- und spritzfähig sein) $^2/_3$ von der Masse in einen Spritzbeutel füllen.

Für die Rumkirschen

eine Lochtülle in den Spritzbeutel setzen, 8 Papier-Pralinen-Förmchen nebeneinander stellen, mit der Masse aus dem Spritzbeutel zuerst einen Boden, dann am Rand entlang Ringe in die Förmchen spritzen, jeweils 1 von
8 Kirschen (aus dem Rumtopf) in die Öffnungen setzen, die Pralinen eine Zeitlang beiseite stellen.

Für die Mandelstangen

auf ein mit Backpapier belegtes Backblech mit der Masse aus dem Spritzbeutel etwa 5 cm lange, dicke Streifen spritzen (ergibt etwa 12 Stück), die Streifen mit
12 abgezogenen, halbierten Mandeln verzieren.

Für die Rumkirschen

das letzte Drittel der Schokoladenmasse in den Spritzbeutel füllen, eine Stern- oder Rosentülle einsetzen, zwei Streifen die sich überkreuzen auf die vorbereiteten Pralinen setzen, damit die Kirschen nach Möglichkeit gut bedeckt sind, mit kleinen Stückchen von
kandierten Rosenblättern verzieren.

Für die Canache-Tüten

aus fester Alufolie 6 Kreise (Durchmesser etwa 8 cm) ausschneiden (mit einem Glas oder einer Tasse), die Kreise in der Mitte durchschneiden, die Papierhälften zu Tüten formen (die ehemalige Kreismitte bildet die Tütenspitze), die Tüten mit der restlichen Canache-Masse (Schokoladen-Masse) aus dem Spritzbeutel füllen, die offene Fläche mit
abgezogenen, gehackten Pistazienkernen verzieren.

Hinweis Die Rumkirschen halten sich, kühl aufbewahrt, etwa $1\frac{1}{2}$ Wochen, die anderen Sorten sind 2–3 Wochen haltbar.

Orangenmarzipan

(Foto)

100 g gemahlene Haselnußkerne	
50 g Orangeat	sehr fein hacken
1 Orange (unbehandelt)	mit heißem Wasser abwaschen, abtrocknen, die Schale abreiben Haselnüsse, Orangeat, Orangenschale mit
200 g Marzipan-Rohmasse	
2 EL Cointreau	zu einem glatten Teig verkneten, zwischen den Handflächen zu walnußgroßen Kugeln formen, auf Pergamentpapier setzen, leicht flachdrücken
100 g weiße Schokolade	in einem kleinen Topf im Wasserbad zu einer geschmeidigen Masse verrühren (1 Eßlöffel abnehmen), die Kugeln damit überziehen, die restliche aufgelöste Schokolade (1 Eßlöffel) mit
1 TL Kakao	verrühren, die Kugeln damit bespritzen.

Pistazien-Marzipan-Pralinen

150 g gemahlene, geröstete Haselnußkerne	
100 g abgezogene, feingehackte Pistazienkerne	mit
150 g gesiebtem Puderzucker	
2 EL Weinbrand	
1 Eiweiß	zu einem glatten Teig verkneten, aus dem Teig walnußgroße Kugeln formen
60 g kandierte Orangenscheiben	sehr fein hacken, jedes Teigstück einmal mit dem Finger eindrücken in die Vertiefung etwas von den Orangen geben, die Stücke leicht zusammendrücken, so daß die Füllung in der Mitte liegt, aus den Teigstücken wieder Kugeln formen, auf ein mit Backpapier belegtes Backblech oder Tablett legen, die Kugeln von allen vier Seiten etwas zusammendrücken, so daß kleine Rechtecke entstehen, mit dem Messerrücken kleine Kerben in die Oberfläche drücken
100 g Kuvertüre	in einem kleinen Topf im Wasserbad zu einer geschmeidigen Masse verrühren, die Pralinen auf einer Gabel bis zur Hälfte hineintauchen, am Rand des Gefäßes leicht abstreifen, die Pralinen auf Pergamentpapier setzen
30 g abgezogene, halbierte Pistazienkerne	mit einem Ende in die Kuvertüre tauchen, schräg in die Oberfläche jeder Praline 1 Kern eindrücken
Hinweis	Diese Pralinen halten sich, kühl gestellt, bis zu 2 Wochen.

Weihnachtsblumen

1 kg Marzipan-Rohmasse	mit
250 g gesiebtem Puderzucker	sorgfältig verkneten, in 5 gleiche Teile teilen.
	Für den 1. Teil
2 TL Instant-Kaffee	mit
1 TL kochendem Wasser	verrühren, mit Marzipan vermengen, 2 Kugeln daraus formen, mit einem in heißes Wasser getauchten Messer zu 4 Halbkugeln teilen, mit
1 Eiweiß	bestreichen, mit
weißen Zuckerperlen	garnieren, die Blütenkränze mit
100 g Mokkabohnen	bestecken (nicht backen).
	Für den 2. Teil die Marzipanmasse mit
4 TL Kokosnußcreme (aus der Dose), ohne Flüssigkeit	verkneten, 4 Halbkugeln daraus formen, mit
Eiweiß	bestreichen, mit
2 EL Kokosraspeln	bestreuen, von
4 weißen Zuckerperlen	je 1 Perle in die Mitte jeder Halbkugel stecken, mit
kandierten Veilchenblättern	garnieren (nicht backen).
	Für den 3. Teil die Marzipanmasse mit
2 TL Vanilleextrakt	verkneten, 4 Halbkugeln daraus formen, mit
Eigelb	bestreichen, mit
Zuckerperlen	garnieren, die Blütenkränze mit
abgezogenen, halbierten Mandeln	bestecken, die 4 Marzipanblumen auf ein Backblech legen, in den Backofen schieben
Ober-/Unterhitze	etwa 200 °C (vorgeheizt)
Heißluft	etwa 180 °C (nicht vorgeheizt)
Gas	etwa Stufe 3 (vorgeheizt)
Backzeit	etwa 5 Minuten.
	Für den 4. Teil die Marzipanmasse mit
1 gehäuften TL Rosenblättern (aus der Dose) oder 2 TL Rosenwasser	verkneten
3 Tropfen rote Lebensmittelfarbe	hinzufügen, 4 Halbkugeln daraus formen, mit
Eiweiß	bestreichen, die Blütenkränze mit
etwa 100 g kandierten, großen Rosenblättern	bestecken (nicht backen).
	Für den 5. Teil die Marzipanmasse mit
2 TL Orangenblütenwasser	
1 TL abgeriebener	

Orangenschale (unbehandelt)	
3 Tropfen gelber Lebensmittelfarbe	
1 Tropfen roter Lebensmittelfarbe	verkneten, 4 Halbkugeln daraus formen, mit
Eigelb	bestreichen, die Blütenkränze mit
50 g Pinienkernen abgezogenen, halbierten Mandeln	bestecken, die 4 Marzipanblumen auf ein Backblech legen, das Blech in den Backofen schieben
Ober-/Unterhitze	etwa 200 °C (vorgeheizt)
Heißluft	etwa 180 °C (nicht vorgeheizt)
Gas	etwa Stufe 3 (vorgeheizt)
Backzeit	etwa 5 Minuten.
Tip	Aus Seidenpapier in verschiedenen Farben Kreise ausschneiden, welche etwas größer sind als die „Weihnachtsblumen", die Ränder mit einer Schere leicht wellen, alle Blumen hineinsetzen.

Fruchtkugeln

250 g getrocknete Datteln	entkernen
250 g Backpflaumen	
250 g getrocknete Aprikosen	die drei Zutaten durch die große Scheibe des Fleischwolfs geben
abgeriebene Schale von 1 Zitrone	(unbehandelt)
2 EL Honig	hinzufügen, alles gut miteinander vermengen, aus der Masse mit nassen Händen Kugeln formen, in
etwa 80 g gemahlenen Walnußkernen oder abgezogenen, gemahlenen Mandeln	wälzen, einige Stunden bei Zimmertemperatur stehenlassen.

Cassispralinen

50 g Kuvertüre	in einem kleinen Topf im Wasserbad zu einer geschmeidigen Masse verrühren, in
10 Papier-Pralinen-Förmchen	füllen
50 g Marzipan-Rohmasse	mit
1–2 EL Cassislikör (schwarzer Johannisbeerlikör) oder Kirschlikör	vermengen, in die Förmchen füllen
50 g Nuß-Nougat-Masse	auf etwas
gesiebtem Puderzucker	messerrückendick ausrollen, mit einem Förmchen Deckel für die Pralinenförmchen ausstechen, die Pralinen damit verschließen
kandierte Veilchen	in kleine Stücke brechen, die Pralinen damit garnieren.
Hinweis	Diese Pralinen halten sich 1 Woche.

Überraschungskugeln

(*Foto*)

Für den Läuterzucker

30 g Zucker mit
30 ml Wasser zum Kochen bringen, einmal aufkochen lassen, so daß der Zucker gelöst ist, abschäumen, auskühlen lassen.

Für den Teig

2 Eigelb mit
2 EL warmen Wasser schaumig schlagen, nach und nach $^{2}/_{3}$ von
75 g Zucker hinzugeben, schlagen, bis eine cremeartige Masse entstanden ist
2 Eiweiß steif schlagen, nach und nach den Rest des Zuckers unterschlagen, den Schnee auf die Eigelbcreme geben
50 g Weizenmehl mit
50 g Speisestärke
1 gestrichenen TL Backpulver mischen, darüber sieben, unter die Eigelbcreme ziehen (nicht rühren)
den Boden einer Springform (Durchmesser etwa 24 cm) fetten, mit Pergamentpapier auslegen, den Teig in die Form füllen, in den Backofen schieben, sofort backen
Ober-/Unterhitze etwa 200 °C (vorgeheizt)
Heißluft etwa 180 °C (nicht vorgeheizt)
Gas etwa Stufe 3 (vorgeheizt)
Backzeit 25–30 Minuten
zum Tränken den Läuterzucker mit
50 ml Weinbrand verrühren
den Biskuitboden mehrmals mit einer Gabel einstechen, mit der Flüssigkeit tränken, das Gebäck abgedeckt auskühlen lassen.

Für die Trüffelmasse

100 ml Schlagsahne mit
2 EL Milch zum Kochen bringen, einmal aufkochen lassen
2 EL Instant-Kaffee unterrühren
100 g Mokkaschokolade
100 g Zartbitterschokolade in kleine Stücke brechen, unter Rühren in der Sahne auflösen, mit
1 Päckchen Vanillin-Zucker
Salz würzen
den Biskiutboden aus der Form lösen, zerkrümeln, in eine Rührschüssel geben, die noch warme Trüffelmasse mit einem elektrischen Handrührgerät mit Knethaken unter die Biskuitkrümel kneten, kalt stellen, die Masse in etwa 30 Portionen teilen, um je eine von
etwa 30 Cocktailkirschen zur Kugel formen, die Kugeln in
zartbitteren Schokoladenstreuseln wälzen, bis zum Verzehr kalt stellen.

Pistazienkugeln und Krokanttaler

75 ml Schlagsahne in einen Topf geben
1 Stange Vanille aufschneiden, das Mark herauskratzen, zu der Sahne geben, zum Kochen bringen, den Topf von der Kochstelle nehmen
250 g Kuvertüre in kleine Stücke schneiden, unter Rühren in der Sahne schmelzen lassen
2–3 TL gesiebten Puderzucker unterrühren, die Masse halbieren.

Für die Pistazienkugeln
20 g Zitronat
20 g Orangeat fein würfeln
40 g abgezogene, gehackte Mandeln unter die eine Hälfte der Schokoladenmasse rühren, die Masse etwa 10 Minuten im Kühlschrank stehen lassen, damit sie fest wird, die Masse mit den Händen zu einer Rolle formen, in Scheiben schneiden, schnell zu Kugeln formen, in
75 g abgezogenen, feingehackten Pistazienkernen wälzen
die Kugeln eine Zeitlang auf einem mit Backpapier belegten Backblech kühl stellen, anschließend in Papier-Pralinen-Förmchen setzen, zugedeckt bis zum Verzehr im Kühlschrank aufbewahren.

Für die Krokanttaler
die zweite Hälfte der Schokoladenmasse mit
100 g Haselnußkrokant
50 g abgezogenen, gemahlenen Mandeln verkneten, auf einem mit Backpapier belegten Backblech mit einer Teigkarte aufstreichen, kurze Zeit kühl stellen, anschließend mit einer Ausstechform (Durchmesser etwa 3 cm) Taler ausstechen, mit einem Messer von
kandierten Veilchen
kandierten Rosenblättern den Guß leicht abschaben, die Krokanttaler damit verzieren.
Hinweis Sie halten sich, kühl aufbewahrt, 2–3 Wochen frisch.

Butter-Canache mit Zimt

200 g Halbbitter-Kuvertüre in einem kleinen Topf im Wasserbad zu einer geschmeidigen Masse verrühren, unter gelegentlichem Rühren so lange abkühlen lassen, bis sie dickflüssig ist
100 g Butter mit einem elektrischen Handrührgerät mit Rührbesen schlagen, nach und nach
40 g gesiebten Puderzucker
5 g gemahlenen Zimt
50 ml weißen Rum hinzugeben, die Kuvertüre hinzu-

fügen, kurze Zeit kalt stellen, die Masse nochmals gut durchschlagen, sollte sie zu fest sein, sie kurz ins Wasserbad stellen, nochmals durchschlagen, die Masse in einen Spritzbeutel mit mittelgroßer Lochtülle füllen, etwa 4 cm lange Stäbchen auf Backpapier spritzen

50 g Vollmilch-Kuvertüre in einem kleinen Topf im Wasserbad zu einer geschmeidigen Masse verrühren, in einen Spritzbeutel mit sehr kleiner Tülle füllen, sehr schnell feine Striche über die Stäbchen hin- und herspritzen, so daß sie wie mit Garn übersponnen aussehen, von

20 kandierten Veilchen jeweils 1 Veilchen auf ein Ende von jedem Stäbchen setzen.

Hinweis Diese Pralinen halten sich, kühl gestellt, 6–8 Tage.

Eierlikörpralinen

3 EL Schlagsahne erhitzen

100 g Zartbitter-schokolade in kleine Stücke brechen, unter Rühren in der Sahne auflösen, erkalten lassen, die Masse muß noch spritzfähig sein, die Schokoladenmasse in einen Spritzbeutel mit Lochtülle füllen, erst einen Boden, dann mehrere Ringe übereinander in Förmchen spritzen, mit

etwas Eierlikör füllen

die Arbeitsfläche mit etwas

Puderzucker bestreuen

75 g Marzipan-Rohmasse darauflegen, ausrollen, mit einem runden Förmchen (Durchmesser 3 cm) Deckel für die Pralinen ausstechen, auf die Pralinen legen, mit etwas

Schokoladenguß verzieren.

Weiche Karamel-Nuß-Pralinen

Für die Masse

165 g Zucker in einen Stieltopf geben, unter Rühren schmelzen lassen, bis er hellbraun ist

den Topf von der Kochstelle nehmen

15 g Butter

3 EL Schlagsahne unterrühren

die Masse nochmals leicht erhitzen

75 g Marzipan-Rohmasse

85 g geröstete Mandelsplitter unterrühren

die Masse etwa 1 cm dick auf ein mit

Butter bestrichenes Blech streichen, auskühlen lassen, kleine Rechtecke von etwa 1x3 cm ausschneiden.

Für den Guß

Vollmilch-Kuvertüre in einen kleinen Topf im Wasserbad bei schwacher Hitze zu einer geschmeidigen Masse verrühren, die Pralinen damit überziehen, mit

Kakao bestäuben.

Haselnußtrüffel

150 g gemahlene Haselnußkerne	mit
50 g feingehackten Rumrosinen	
50 g gesiebtem Puderzucker	
$\frac{1}{2}$ TL gemahlenem Zimt	mischen
300 g Vollmilch-Kuvertüre	in einem kleinen Topf im Wasserbad zu einer geschmeidigen Masse verrühren, die Hälfte davon unter die Nußmasse rühren, abkühlen lassen, kleine Kugeln davon formen, mit der restlichen Kuvertüre bestreichen, mit
Plätzchen-schmuck	garnieren.

Gefüllte Datteln

1 Packung (etwa 200 g) getrocknete Datteln	waschen, gut abtropfen lasen, entkernen
100 g Marzipan-Rohmasse	mit
50 g gesiebtem Puderzucker	
1 EL Kirschwasser	mischen, gut verkneten aus der Masse eine Rolle formen, kleine Scheiben davon abschneiden, in die Datteln füllen
100 g Vollmilch-Kuvertüre	in einem kleinen Topf im Wasserbad zu einer geschmeidigen Masse verrühren, die gefüllten Datteln zur Hälfte darin eintauchen, zum Abtropfen auf ein Kuchengitter setzen.

Nougatpralinen

200 g Marzipan-Rohmasse	mit
150 g gesiebtem Puderzucker	
1 Eigelb	vermengen
200 g Nuß-Nougat-Masse	durchkneten, mit
1 EL Weinbrand	vermengen Marzipan und Nuß-Nougat-Masse jeweils getrennt auf
gesiebtem Puderzucker	ausrollen, mit
verschlagenem Eiweiß	bestreichen, die Nougatplatte auf die Marzipanplatte legen, zu einer Rolle formen, Scheiben abschneiden oder ausgerolltes Marzipan und Nougatmasse übereinanderschichten, in Quadrate und Dreiecke schneiden (die Schichten jeweils mit Eiweiß bestreichen), kalt stellen.

Orangen-Canache

100 g Vollmilch-Kuvertüre
200 g Halbbitter-Kuvertüre die beiden Zutaten grob hacken
100 ml Schlagsahne in einen Topf gießen, zum Kochen bringen, die Kuvertüre hinzugeben, unter ständigem Rühren kurz aufkochen lassen, die Masse in eine Rührschüssel geben, erkalten lassen
100 g abgezogene, gemahlene Mandeln auf ein Backblech geben, in den Backofen schieben, die Mandeln goldbraun rösten
Ober-/Unterhitze etwa 170 °C (vorgeheizt)
Heißluft etwa 150 °C (nicht vorgeheizt)
Gas etwa Stufe 2 (vorgeheizt)
Backzeit etwa 8 Minuten
die Mandeln vom Backblech nehmen, auskühlen lassen
die erkaltete Schokoladenmasse mit den Mandeln
75 g weicher Butter
50 ml Orangenlikör mit einem Handrührgerät mit Rührbesen geschmeidig rühren, etwa 1½ cm dick auf ein mit Pergamentpapier bedecktes Backblech oder Tablett streichen (am besten in Form eines Rechteckes, damit Abfall vermieden wird), das Blech etwa 1 Stunde im Kühlschrank stehenlassen
200 g Halbbitter-Kuvertüre in einem kleinen Topf im Wasserbad zu einer geschmeidigen Masse verrühren
150 g abgezogene Mandeln der Länge nach halbieren, die Schokoladenmasse auf dem Blech mit einem in heißes Wasser getauchten Messer in kleine Rechtecke (3 x 1,5 cm) schneiden, kühl stellen, immer nur höchstens 10 Stück auf einmal zum Überziehen mit dem Guß aus dem Kühlschrank nehmen, die Rechtecke so mit einer Gabel in die Kuvertüre tauchen, daß die obenliegende Fläche nicht überzogen wird, überflüssige Kuvertüre am Rand des Gefäßes abstreifen, die mit Guß versehenen Stücke auf Pergamentpapier oder Alufolie absetzen, auf die trockene Seite je eine Mandelhälfte legen, etwas eindrücken.

Nougatrauten

200 g Nuß-Nougat-Masse mit
3 EL Weinbrand
100 g Marzipan-Rohmasse
100 g geriebener Halbbitter-Kuvertüre mit einem Handrührgerät mit Knethaken zunächst kurz auf niedrigster, dann auf höchster Stufe gut durcharbeiten, anschließend auf der Arbeitsfläche zu einem glatten Teig verkneten auf

gesiebtem Puderzucker	etwa 1 cm dick ausrollen, mit einem Messer in kleine Rauten schneiden, 12–24 Stunden an einem kühlen Ort stehenlassen die festgewordenen Pralinen zur Hälfte mit
60 g gesiebtem Puderzucker	bestreuen.

Moccabohnen

250 g Kuvertüre	in einem kleinen Topf im Wasserbad geschmeidig verrühren
50 g weiche Butter	geschmeidig rühren
50 g Nuß-Nougat-Masse	
80 g gesiebten Puderzucker	hinzugeben
10 g Instant-Kaffee	mit
50 ml Weinbrand	verrühren, mit der Kuvertüre unter die Nougatmasse rühren, ein Backblech mit Backpapier auslegen, die Masse in einen Spritzbeutel mit großer Lochtülle füllen, bohnenförmig auf das Backblech spritzen, kalt stellen
100 g Vollmilch-Kuvertüre	in einem kleinen Topf im Wasserbad zu einer geschmeidigen Masse verrühren, die Nougatbohnen damit überziehen, jeweils eine von
100 g Moccabohnen	auf jede Praline setzen.

Krokantkugeln

125 g Zucker	in eine Pfanne geben, unter ständigem Rühren schmelzen lassen
1 EL Honig	hinzufügen, zuletzt
40 g Butter	unterrühren, einmal kurz aufkochen lassen, die Pfanne von der Kochstelle nehmen
100 g gehobelte Haselnußkerne	unterrühren, die Masse auf ein Backblech geben, sofort daraus mit den Händen Kugeln (etwa 2½ cm Durchmesser) formen
70 g Kuvertüre	in einem kleinen Topf im Wasserbad zu einer geschmeidigen Masse verrühren, die Krokantkugeln einzeln eintauchen, auf einem Kuchengitter abtropfen lassen, unter das Gitter einen Teller stellen, damit die abgetropfte Kuvertüre wieder verwendet werden kann, die Krokantkugeln mit
gehobelten Haselnußkernen	verzieren, solange die Kuvertüre noch weich ist, die Kugeln in Papier-Pralinen-Förmchen setzen.
Hinweis	Die Krokantkugeln bis zum Verzehr in einer Konfektdose aufbewahren, sie sind etwa 3 Wochen haltbar.

Gefüllte Krokantröllchen

125 g Zucker in die Pfanne geben, unter Rühren so lange erhitzen, bis er geschmolzen ist
1 EL Honig hinzufügen
70 g gehobelte Haselnußkerne unterrühren
Ober-/Unterhitze etwa 150 °C (vorgeheizt)
Heißluft etwa 130 °C (vorgeheizt)
Gas etwa Stufe 1 (vorgeheizt)
der warme Backofen wird benötigt, um die Krokantmasse immer wieder zu erwärmen, da sie beim Erkalten bricht, die Krokantmasse auf ein erwärmtes, mit
Speiseöl gefettetes Backblech geben, mit einer geölten Teigkarte zu einem Rechteck von 12 x 20 cm ausstreichen, in kleine Rechtecke von etwa 3 x 5 cm schneiden (nach Möglichkeit direkt vor dem geöffenten Backofen arbeiten) jedes Rechteck mit einem geölten Messer vom Blech heben, zu einem 5 cm langen Röllchen drehen, die Röllchen abkühlen lassen.

Für den Guß
50 g Kuvertüre mit
etwas Kokosfett in einem kleinen Topf im Wasserbad zu einer geschmeidigen Masse verrühren, die Enden der Röllchen damit bestreichen (mit einem Pinsel), zum Trocknen auf ein Kuchengitter legen.

Hinweis Die Krokantröllchen halten sich, in einer Dose kühl aufbewahrt, 2–3 Wochen frisch.
Tip Wenn mehr als 12 Krokantröllchen angefertigt werden, sollte trotzdem keine größere als die angegebene Menge Krokant auf einmal hergestellt werden, da die Krokantmasse sonst zu schnell abkühlt und sich dann nicht mehr formen läßt.

Weichkrokantecken

(Foto)

200 g abgezogene, gemahlene Mandeln auf ein ungefettetes Backblech geben, in den Backofen schieben, die Mandeln goldbraun rösten
Ober-/Unterhitze etwa 200 °C (vorgeheizt)
Heißluft etwa 180 °C (nicht vorgeheizt)
Gas etwa Stufe 3 (vorgeheizt)
500 g Puderzucker sieben, mit
50 g Honig
50 g Butter in einen Topf geben, unter Rühren so lange erhitzen, bis die Masse karamelisiert, kurz aufkochen lassen, den Topf von der Kochstelle nehmen
1 Vanilleschote aufschneiden, das Mark herauskratzen
300 g Marzipan-Rohmasse in grobe Würfel schneiden
die beiden Zutaten mit den Mandeln kräftig unter die Karamelmasse rühren

125 ml (⅛ l) Schlagsahne zuletzt unterrühren, die Masse auf ein gefettetes Backblech streichen, etwas abkühlen lassen, mit einem scharfen Messer erst in etwa 2 cm breite Streifen, dann in Rauten schneiden, erkalten lassen, mit einem Messer stückweise vom Blech lösen

100 g Halbbitter-Kuvertüre in einem kleinen Topf im Wasserbad zu einer geschmeidigen Masse verrühren, beide Rautenenden in die Kuvertüre tauchen, am Rand des Gefäßes abstreichen, auf Backpapier absetzen.

Petits fours „Cassis"

(6 Stück)

Für die Füllung

10 g Butter zerlassen

60 g Semmelbrösel darin goldbraun rösten

200 g schwarze Johannisbeer-Konfitüre durch ein Sieb streichen, mit den Semmelbröseln vermengen, mit

1 Prise gemahlenem Zimt

1 Prise gemahlenen Nelken würzen

1 Packung Waffeln mit Dessert-Creme-Füllung mit der Konfitüre-Masse zusammensetzen, jeweils 4 Waffeln für 1 Petit four.

Für den Guß

300 g Puderzucker sieben, mit

80 ml Crème de Cassis glattrühren, die Petits fours damit bestreichen, mit

kandierten Kirschen verzieren.

Petits fours „Nero"

(6 Stück)

Für die Füllung

6 Eigelb mit

120 g Zucker mit einem Handrührgerät mit Rührbesen schaumig rühren

240 g geriebene Haselnußkerne unterrühren

1 Packung Waffelblätter mit Milchschokolade mit der Nußmasse zusammensetzen, jeweils 5 Waffeln für 1 Petit four.

Für den Guß

300 g Puderzucker sieben, mit

2–3 EL Kakaopulver instant verrühren, die Petits fours damit bestreichen, mit

Haselnußkernen verzieren.

Petits fours „Sine"

(10 Stück)

Für die Füllung

500 g Doppelrahm-Frischkäse mit
5 EL Orangenmarmelade
10 EL frisch gepreßtem Orangensaft
3 EL Orangenlikör
1 Prise Safran mit einem elektrischen Handrührgerät zu einer glatten Masse verrühren
1 Packung Orangenplätzchen mit der Creme zusammensetzen, jeweils 6 Kekse für 1 Petite four jedes Petite four an den Seiten und oben mit Orangencreme bestreichen.

Für den Guß

400 g Puderzucker sieben, mit
5–6 EL frisch gepreßtem Orangensaft
4 EL Orangenlikör glattrühren
1 Prise Safran unterrühren, die Petits fours damit bestreichen, mit
Orangeat-Würfeln garnieren.

Petits fours nach Art des Hauses

Für den Teig

100 g abgezogene, gemahlene Mandeln mit
1 Ei verrühren
250 g feinen Zucker
2 Eier unterrühren
250 g Mehl darauf sieben, ebenfalls unterrühren
150 g Butter zerlassen, abgekühlt mit
3 Eigelb unterrühren
3 Eiweiß mit
etwas Salz steif schlagen, vorsichtig unter den Teig ziehen, den Teig auf ein mit Backpapier belegtes Backblech streichen (1 cm dick), das Blech in den Backofen schieben
Ober-/Unterhitze etwa 200 °C (vorgeheizt)
Heißluft etwa 180 °C (nicht vorgeheizt)
Gas etwa Stufe 3
Backzeit 12–14 Minuten
das Gebäck auf einen Kuchenrost stürzen, Backpapier abziehen, abkühlen lassen, aus der Gebäckplatte kleine Quadrate (oder andere beliebige Formen) schneiden, die Gebäckstücke mit
Konfitüre, Nuß-Nougat-Masse oder Marzipan bestreichen, zu Petits fours zusammensetzen, mit
Likör oder Brandy tränken, mit
Kuchenglasur, Zitrone überziehen, mit
Zuckerschrift verzieren.

Schokoladen Petits fours

	Für den Biskuitteig
2 Eier	
3 EL warmes Wasser	mit einem Handrührgerät mit Rührbesen 1 Minute auf höchster Stufe schlagen
100 g Zucker	
1 Päckchen Vanillin-Zucker	mischen, einstreuen, noch 2 Minuten schlagen
75 g Weizenmehl	
50 g Speisestärke	
1 gestrichenen TL Backpulver	
1 EL Kakao	mischen, sieben, kurz auf Stufe 1 unterrühren, den Teig etwa 1 cm dick auf ein mit Backpapier belegtes Backblech streichen, an der offenen Seite des Backblechs das Papier unmittelbar vor dem Teig zur Falte knicken, so daß ein Rand entsteht, das Backblech in den Backofen schieben
Ober-/Unterhitze	180–200 °C (vorgeheizt)
Heißluft	150–170 °C (nicht vorgeheizt)
Gas	Stufe 3–4 (vorgeheizt)
Backzeit	10–15 Minuten den Biskuit nach dem Backen sofort auf ein mit
Zucker	bestreutes Pergamentpapier stürzen, das Papier mit kaltem Wasser bestreichen, vorsichtig, aber schnell abziehen, den Biskuit kalt stellen, kleine Sterne ausstechen.
	Für die Füllung
25 g weiche Butter	mit
etwa 75 g Nuß-Nougat-Masse	verrühren die Hälfte der Sterne mit der Nougatmasse bestreichen, die übrigen darauf setzen.
	Für den Guß
etwa 150 g Zartbitter- oder Vollmilchschokolade	mit
20 g Kokosfett	in einem kleinen Topf im Wasserbad zu einer geschmeidigen Masse verrühren, die Seiten der Sterne damit bestreichen (mit einem Pinsel).
	Für den Belag
75 g Marzipan-Rohmasse	auf
gesiebtem Puderzucker	ausrollen, für jeden Biskuitstern einen Marzipanstern ausstechen
2 EL gesiebten Puderzucker	
1 EL Zitronensaft oder frisch gepreßten Orangensaft	verrühren, die Marzipansterne damit bestreichen, auf die Biskuitsterne legen, mit
halbierten, kandierten Kirschen	oder
abgezogenen, halbierten Mandeln	garnieren.

Bunte Petits fours

	Für denTeig
3 Eigelb	
3 EL warmes Wasser	mit einem Handrührgerät mit Rührbesen schaumig schlagen, nach und nach $^2/_3$ von
100 g Zucker	und
1 Päckchen Vanillin-Zucker	hinzufügen, so lange schlagen, bis eine cremige Masse entstanden ist
3 Eiweiß	steif schlagen, nach und nach den Rest des Zuckers unterschlagen, auf die Eigelbcreme geben
100 g Weizenmehl	mit
1 gestrichenen TL Backpulver	mischen, darüber sieben, alles vorsichtig unter die Eigelbcreme ziehen (nicht rühren), dabei nach und nach
75 g zerlassene, abgekühlte Butter	dazugeben, den Teig etwa 1 cm dick auf ein mit Backpapier belegtes Backblech streichen (damit der Teig an der offenen Seite des Backblechs nicht auslaufen kann, das Papier unmittelbar vor dem Teig zu einer Falte knicken, so daß ein Rand entsteht), das Backblech in den Backofen schieben, sofort backen
Ober-/Unterhitze	200–220 °C (vorgeheizt)
Heißluft	180–200 °C (nicht vorgeheizt)
Gas	Stufe 3–4 (vorgeheizt)
Backzeit	15–20 Minuten
	den Biskuit sofot nach dem Backen auf ein mit Zucker bestreutes Papier stürzen, das Backpapier mit kaltem Wasser bestreichen, vorsichtig, aber schnell abziehen, aus dem Biskuit mit einer kleinen Form 32 Herzen ausstechen, mit einem Ring (Durchmesser etwa 4 cm) 36 Törtchen ausstechen, mit einem Messer 22 Rauten (verschobene Quadrate, 3 x 3 cm) ausschneiden.
	Für die Herzen
50 g Puderzucker	sieben, mit
100 g Marzipan-Rohmasse	verkneten, knapp ½ cm dick ausrollen, 16 Herzen (in der Größe der Biskuitherzen) ausstechen
150 g Zartbitter-schokolade	in kleine Stücke brechen, in einem kleinen Topf im Wasserbad zu einer geschmeidigen Masse verrühren, die Hälfte der Biskuitherzen mit etwas Schokolade bestreichen, die Marzipanherzen darauf legen, mit etwas von der Schokolade bestreichen, die restlichen Biskuitherzen darauf legen, das restliche Marzipan und die Schokoladenmasse aufheben
100 g Puderzucker	sieben, mit
3 EL rotem Johannisbeergelee	
etwa 3 TL Wasser	zu einem dickflüssigen Guß verrühren, die Herzen damit überziehen.

(Fortsetzung Seite 112)

Für die Törtchen

75–100 g Nuß-Nougat-Masse in einem kleinen Topf im Wasserbad zu einer geschmeidigen Masse verrühren, die Hälfte der Törtchen damit bestreichen, die restlichen Törtchen darauf legen, die restliche Nuß-Nougat-Masse aufheben, die restliche Schokoladenmasse mit

20 g Kokosfett in einem kleinen Topf im Wasserbad zu einer geschmeidigen Masse verrühren, die Törtchen damit überziehen.

Für die Rauten

das restliche Marzipan dünn ausrollen, in 11 Rauten (verschobene Quadrate, 3 x 3 cm) schneiden, die Hälfte der Biskuitrauten mit der Nuß-Nougat-Masse bestreichen, die restlichen Biskuitrauten darauf legen

125 g Puderzucker sieben, mit

1–2 EL Zitronensaft zu einem dickflüssigen Guß verrühren, die Quadrate damit überziehen, die Herzen und die Törtchen mit der übriggebliebenen Zitronen- oder Schokoladenglasur bespritzen, mit

Liebesperlen oder

kandierten Früchten garnieren, aus dem Marzipanrest einen Streifen ausrollen, mit der restlichen Schokoladenmasse bestreichen, aufrollen, kalt stellen, in Scheiben schneiden, die Biskuitquadrate damit garnieren.

Für die Kugeln

die Biskuitreste zerkrümeln, in eine Rührschüssel geben, mit

2 EL Curaçao beträufeln

35 g Kokosfett zerlassen, abkühlen lassen

25 g Puderzucker

1 gestrichenen EL Kakao sieben, in eine Rührschüssel geben

1 Päckchen Vanillin-Zucker hinzufügen

1 Ei und nach und nach das Kokosfett unterrühren, die Masse mit den Biskuitkrümeln verrühren, etwa 10 Kugeln daraus formen, in

Schokoladenstreuseln wenden (am besten in einem Kaffeesieb), kalt stellen, damit sie fest werden.

Mandel Petits fours

Für den Biskuitteig

2 Eier
3 EL warmes Wasser mit einem Handrührgerät mit Rührbesen 1 Minute auf der höchsten Stufe schlagen
100 g Zucker
1 Päckchen Vanillin-Zucker mischen, einstreuen, noch 2 Minuten schlagen
75 g Weizenmehl mit
50 g Speisestärke
1 gestrichenen TL Backpulver mischen, sieben, mit
50 g abgezogenen, gemahlenen Mandeln kurz auf Stufe 1 unterrühren
den Teig etwa 1 cm dick auf ein gefettetes, mit Backpapier belegtes Backblech streichen, an der offenen Seite des Backblechs das Papier unmittelbar vor dem Teig zur Falte knicken, so daß ein Rand entsteht, das Backblech in den Backofen schieben
Ober-/Unterhitze 180–200 °C (vorgeheizt)
Heißluft 150–170 °C (nicht vorgeheizt)
Gas Stufe 3–4 (vorgeheizt)
Backzeit 10–15 Minuten
den Biskuit nach dem Backen sofort auf ein mit
Zucker bestreutes Pergamentpapier stürzen, das Papier mit kaltem Wasser bestreichen, vorsichtig, aber schnell abziehen, den Biskuit kalt stellen, mit einer runden Form (Durchmesser etwa 4 cm) Plätzchen ausstechen.

Für die Füllung

25 g Butter
2 gehäufte EL gesiebten Puderzucker
1 EL Maraschino (Kirschlikör) verrühren, die Hälfte der Plätzchen damit bestreichen, die übrigen darauf setzen.

Für den Guß

300 g weiße Schokolade mit
40 g Kokosfett in einem kleinen Topf im Wasserbad zu einer geschmeidigen Masse verrühren, die Plätzchen damit überziehen
1 EL Puderzucker
1 TL Kakao sieben, mit
etwas Wasser zu einem dickflüssigen Guß verrühren, die Plätzchen damit bespritzen, mit einem Holzstäbchen den dunklen Guß durch den hellen Guß ziehen, mit
Plätzchenschmuck garnieren.

Fruchtige Petits fours

	Für den Teig
2 Eier	
3 EL warmes Wasser	mit einem elektrischen Handrührgerät mit Rührbesen 1 Minute auf höchster Stufe schlagen
100 g Zucker	
1 Päckchen Vanillin-Zucker	mischen, einstreuen, noch 2 Minuten schlagen
75 g Weizenmehl	
50 g Speisestärke	
1 gestrichenen TL Backpulver	mischen, sieben, kurz auf Stufe 1 unterrühren, den Teig etwa 1 cm dick auf ein mit Backpapier belegtes Backblech streichen, an der offenen Seite des Backblechs das Papier unmittelbar vor dem Teig zur Falte knicken, das Backblech in den Backofen schieben
Ober-/Unterhitze	180–200 °C (vorgeheizt)
Heißluft	150–175 °C (nicht vorgeheizt)
Gas	Stufe 3–4 (vorgeheizt)
Backzeit	10–15 Minuten
	den Biskuit sofort auf ein mit
Zucker	bestreutes Pergamentpapier stürzen, das Papier mit kaltem Wasser bestreichen, vorsichtig, aber schnell abziehen, den Biskuit kalt stellen, in Rauten (2 x 4 cm) schneiden.
	Für die Füllung
2 EL Himbeer-Johannisbeer-Konfitüre	mit
1 TL Himbeergeist	verrühren, die Hälfte der Gebäckstücke damit bestreichen, die übrigen darauf setzen.
	Für den Guß
etwa 300 g Puderzucker	sieben, mit Wasser
Himbeergeist	
Lebensmittelfarbe	geschmeidig rühren, die Rauten damit überziehen, mit
Zuckerblumen	garnieren.

Kapitelregister

Plätzchen

Konfekt

Petits fours

Alphabetisches Register

Umwelthinweis Dieses Buch und der Schutzumschlag wurden auf chlorfrei gebleichtem Papier gedruckt.
Die Einschrumpffolie - zum Schutz vor Verschmutzung - ist aus umweltfreundlicher und recyclingfähiger PE-Folie.

Redaktion Jasmin Gromzik

Titelfoto Fotostudio Toelle, Bielefeld
(Foodstyling) Ursula Stiller, Bielefeld

Innenfotos Borgmann, Gütersloh
Fotostudio Büttner, Bielefeld
Thomas Diercks, Hamburg
Bernd Lippert, Bielefeld
Christiane Pries, Bielefeld

Gestaltung Gaby Burdack, Bielefeld

Satz TOP Publishing, Gütersloh

Reproduktion TOP Publishing, Gütersloh

Herstellung Druckhaus Kaufmann, Lahr

ISBN 3-7670-0347-3